AF453416

VALBERT CHEVILLARD

UN PEINTRE ROMANTIQUE

Théodore Chassériau

Avec une Eau-forte de Bracquemond

PARIS

ALPHONSE LEMERRE, ÉDITEUR

23-31, PASSAGE CHOISEUL, 23-31

M DCCC XCIII

UN PEINTRE ROMANTIQUE

Théodore Chassériau

DU MÊME AUTEUR

VALBERT CHEVILLARD

UN PEINTRE ROMANTIQUE

Théodore Chassériau

Avec une Eau-forte de Bracquemond

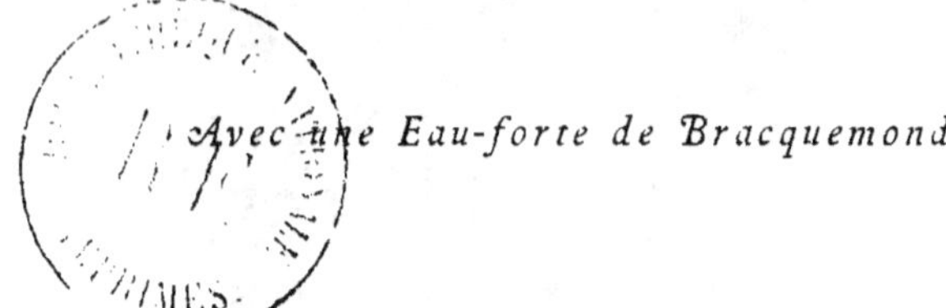

PARIS

ALPHONSE LEMERRE, ÉDITEUR

23-31, PASSAGE CHOISEUL, 23-31

M DCCC XCIII

Théodore Chassériau

I

LA pensée de cette étude est née au milieu des ruines du palais du quai d'Orsay, devant un débris de fresque échappé par miracle à la flamme. Ce n'était rien, ou presque rien : une jeune femme embrassant son nourrisson, épisode perdu dans le coin d'un immense panneau consumé; mais l'art animait ce groupe d'une vie divine. Nous éprouvâmes la sensation que produirait la découverte inopinée d'un chef-d'œuvre dans une terre antique.

C'est une des figures d'artistes les plus char-

mantes du siècle que celle de Chassériau. La grâce
de son enfance précoce, la fierté de son caractère,
l'élégance mondaine de sa personne, la distinction
brillante de son esprit, la hauteur de son idéal et
ses combats pour l'atteindre, la richesse et la saveur originale de son œuvre, jusqu'à sa fin, brutale,
en pleine vie, au moment même où il arrachait à la
gloire, entre Ingres et Delacroix, le laurier si longtemps disputé, tout en lui éveille la sympathie, excite
l'intérêt, séduit l'imagination. Dans le groupe mêlé
des peintres qui ont illustré cette époque tourmentée, il représente l'aristocrate, le gentilhomme
d'art. On dirait d'un de ces artistes de la Renaissance, anoblis par le génie, qui, en accomplissant
des chefs-d'œuvre immortels, partageaient l'existence magnifique et raffinée des grands seigneurs
italiens, jaloux d'eux comme de leurs maîtresses.

Et pourtant, malgré l'éclat de sa carrière et la
place qu'il a occupée parmi ses contemporains, une
ombre, une ombre injuste s'est faite et s'épaissit
sur son nom. Pourquoi? Est-ce parce que dans la
bataille qui s'est livrée à côté de lui, parmi toutes
ces flammes et ces fumées, l'œil ébloui n'aperçoit
plus à la distance où nous sommes que les deux
chefs célèbres qui incarnaient les écoles ennemies?
Ou bien a-t-il trop tôt disparu, sans avoir eu le
temps d'affirmer l'indépendance contestée de son

génie et de former, comme les maîtres, des élèves
pour perpétuer sa mémoire? Peut-être encore le
grand art est-il trop haut pour nos âmes incapables
d'efforts? Nous retenons quelques noms qui reten-
tissent; nous admirons de confiance, nous saluons
avec respect les grandes pages consacrées par l'opinion; puis nous courons au genre, à la fantaisie pittoresque, à l'anecdote amusante, en quête de plaisirs faciles et menus, de rêves légers et doux qui
n'exigent pas l'élan supérieur, délicieux et haras-
sant, sans lequel on ne pénètre pas l'idéal hautain
et solitaire des hommes divins.

Chassériau exprima la beauté et il n'exprima jamais qu'elle. Certes les horizons de l'art sont infinis comme ceux du ciel. Le peintre a le droit de
choisir son sujet et de nous présenter des scènes
violentes et vulgaires, des objets répugnants aussi
bien que de grands et d'aimables spectacles. Il
n'est pas maître de son tempérament. Avec ses
moyens concentrés, il met en relief ce que son imagination lui offre, ce qu'elle a saisi dans ses chasses
voluptueuses et cruelles à travers le monde. Nous
puisons notre jouissance dans l'épaisseur d'art uniquement de ce qui nous est montré. Le nain grima-
çant, marchant sur des moignons, qui porte la
griffe infernale de Ribera, le morceau de boucherie
tout sanglant, que Rembrandt a éclairé de sa main

fulgurante, nous ravissent parce qu'ils satisfont notre appétit d'art, parce que le beau flotte sur l'être horrible et difforme et sur l'ossature de l'animal crevé avec autant de puissance que sur les splendeurs blondes du sommeil d'Antiope.

Mais telle n'était pas la pensée antique. En Grèce, il existait une loi qui commandait d'imiter en beau et prononçait une peine contre ceux qui enlaidissaient en imitant. Chassériau vécut toute sa vie sous l'empire de cette loi-là. Il eut toujours pour objet la belle humanité, les chevaux de race, les armes de luxe, la vie grande, généreuse et saine. Il exprima la beauté naturellement, comme on voit la lumière, comme on respire, comme on aime. Jamais son imagination féconde et claire n'est traversée par une laideur, une tare humaines, un spectacle affligeant, honteux ou grotesque. Des sentiments qui s'agitent dans son cœur, des formes qui s'assemblent et se combinent dans son rêve pittoresque naît une race magnifique, un peuple de créatures nobles, fières, charmantes, passionnées, fleurs d'art qui font l'effet d'une touffe de lys immaculés, mirant leur beauté pure dans un lac de poésie.

Nous voulons parcourir cette œuvre exquise, qui est pour ainsi dire nouvelle, car elle est presque inconnue aujourd'hui. Démêler dans la foule l'artiste dont l'âme répond à votre âme, puis s'attacher à lui, suivre son rêve unique et changeant à travers les manifestations par lesquelles il s'efforce de réaliser l'infini qu'il porte en sa nature mortelle, partager ses émotions, ses tristesses et ses joies, pleurer à ses batailles perdues, jouir de ses triomphes dans cette poursuite ardente, impossible, folle, à l'insaisissable idéal, mirage sauveur sans lequel nous péririons de misère et de désespoir, n'est-ce pas une félicité, un bonheur délicieux comme un baiser sur la bouche de la femme adorée qui vous transporte hors de vous-même, pour un instant, dans le paradis?

Notre étude a été faite avec les souvenirs des amis encore vivants du peintre, les articles publiés sur lui par les écrivains de son temps, les archives de sa famille qui nous ont été largement ouvertes, et aussi, trop souvent sans doute, avec nos impressions personnelles. Le beau grise comme le vin généreux.

Il fallait qu'au commencement d'un livre consacré à l'art d'un maître oublié une œuvre d'art appelât l'attention du public distrait. M. Bracquemond a bien voulu la donner en interprétant un portrait du peintre par lui-même, exécuté dans la manière sèche d'Ingres, mi-parti d'ombre et de lumière, peinture naïve qui rappelle le tableau célèbre du Bronzino. C'était comme une tradition parmi les

élèves de l'atelier d'Ingres de se représenter dans
l'attitude de ce personnage mystérieux et charmant
qui possédait l'admiration du maître.

Le tableau dont s'est servi M. Bracquemond a été
reproduit par la photo-gravure à la fin du volume.
Le peintre avait alors dix-huit ans. Nous avons fait
reproduire trois portraits de l'artiste, qui se trouvent, par héritage, entre les mains de M. Arthur
Chassériau. Malheureusement ils datent de son enfance ou de sa première jeunesse, mais il n'en
existe pas d'autres*. Nous avons tenu à les donner,
pour que, de ce côté-là du moins, cette monogra-
phie fût complète.

L'un d'eux offre un intérêt touchant. Il a été
exécuté par un petit camarade d'atelier du peintre
nommé Samois, qui obtint plus tard le prix de
Rome et fut tué pendant la guerre de Crimée, victime de son patriotisme comme Henri Regnault.
Son nom n'était pas glorieux, mais il mérite cependant de vivre.

Benoît Chassériau, père de l'artiste, né en 1780,
était le dix-huitième et dernier enfant de Jean

---

* Il n'existe pas même une photographie du peintre des fresques de
la Cour des Comptes. Il résulte en effet d'une lettre de M. Nadar, qui
nous a été communiquée par M. Aglaüs Bouvenne, que Chassériau avait
toujours refusé, par modestie sans doute, de se laisser photographier.

Chassériau, notaire à la Rochelle et conseiller per-
pétuel de l'Hôtel de Ville. Entré dans la vie au moment des guerres du Consulat et de l'Empire, il eut
des débuts hâtifs et superbes, l'avenir illimité de la
jeunesse dans cette époque héroïque. On le trouve
à vingt ans contrôleur des finances à l'armée
d'Orient et administrateur de deux provinces dans
la Haute-Égypte. Il fait partie ensuite de l'expédition de Saint-Domingue comme trésorier général,
puis comme secrétaire général de la colonie, fonc-
tions qu'il remplit jusqu'en 1807. A ce moment, il
disparaît et, pendant quinze ans, semble mener une
existence de voyages et d'aventures extraordinaires
au cours de laquelle il devient ministre et favori de
Bolivar. En 1822, de retour à Paris, il est présenté
à M. de Chateaubriand qui le charge d'une mission
diplomatique dans l'Amérique du Sud. Il entre
alors, pour ne plus la quitter, dans la carrière consu-
laire. D'abord agent à Saint-Thomas, il est bientôt
nommé consul à Porto-Rico où il reste jusqu'à sa
mort survenue en 1846.

En 1806, il avait épousé à Samana Marie-Made-
leine Couret de la Blaquière, fille d'un propriétaire
français de Saint-Domingue. De son mariage na-
quirent cinq enfants : Frédéric, qui devint chef du
Cabinet du Ministre de la Marine et conseiller
d'État, Adèle, Théodore le peintre, Aline et Ernest,

officier d'avenir, tué à Bazeilles où il commandait un régiment.

Théodore était né le 20 septembre 1819, dans une partie de la presqu'île de Samana qui s'appelle le Limon et où sa famille possédait une propriété. Il fut amené à Paris par sa mère avec ses frères et ses sœurs deux ans après sa naissance. Il faut donc ici modifier l'opinion de quelques critiques qui ont cru découvrir dans le style du peintre des traces d'exotisme. Ni le soleil ni la nature des tropiques n'avaient eu le temps de s'imprégner en lui. On ne doit pas non plus chercher à expliquer par des lois d'atavisme ou des influences de milieu sa vocation artistique. Elle se produisit toute seule et se développa violemment comme ces plantes des pays chauds qui, à peine germées, jettent leurs feuilles et leurs fruits avec une profusion extravagante. Cette précocité surprenante fait penser à certains artistes de la Renaissance, qui devenaient des maîtres pour ainsi dire naturellement, à l'instant où ils saisissaient le pinceau. Ses parents eurent le mérite rare de ne pas contrarier sa vocation, et même, bien que leurs ressources fussent très bornées, ils aidèrent leur fils avec une foi persistante jusqu'à ce qu'il eut trouvé dans son art le moyen de vivre indépendant.

Bientôt la mère dut retourner aux Antilles, lais-

sant seuls à Paris ses cinq enfants dont l'aîné, Frédéric,
alors âgé de vingt ans, occupait un petit emploi à
la société d'Assurances générales. C'est à lui qu'elle
confia la direction de la famille et l'on peut dire
qu'il la conserva moralement toujours.

Rien de charmant, rien de gracieux comme
l'existence de cette colonie d'enfants perdus au milieu de la grande ville, soumis à leur aîné autant
qu'ils eussent été soumis au père ; rien de touchant
comme l'intelligence, la sollicitude, la gravité avec
lesquelles Frédéric accomplissait sa mission. Il existe
de lui des lettres écrites à ses parents durant
cette période dont la sagesse et la maturité stupé-
fient.

Ayant cru devoir quitter son petit emploi à la
Compagnie d'Assurances générales, voici comment
il rendait compte à son père de sa détermination :

« ... Fatigué des exigences sans cesse renaissantes
de notre Conseil d'Administration, j'ai donné ma
démission et c'est ce soir même que je quitte la
Compagnie. Je n'ai pris ce parti que quand il m'a
été prouvé que ma place ne me laisserait plus le
temps de m'occuper de nos divers intérêts. Un
travail extraordinaire m'était demandé, le plus
ennuyeux du monde ; et pour le faire, il m'eût fallu
me rendre à mon bureau dès neuf heures jusqu'à
cinq, sans un instant de répit, sans pouvoir m'ab-

senter pour n'importe quoi. J'ai pensé que c'était trop exiger pour les faibles appointements que je recevais, et que, dans le cas même où je ne trouverais pas à me placer d'une manière plus avantageuse, le soin que je pourrais donner à nos affaires, à l'instruction d'Adèle et de Théodore, à la mienne, équivaudrait et surpasserait même le sacrifice de quelques centaines de francs. Adèle a fort peu étudié, elle est trop grande pour qu'on lui donne un maître; je me charge de la faire travailler. Il est des connaissances indispensables, celles qui facilitent l'ordre en formant le jugement; peu de temps suffit pour les acquérir, mais leur absence influe sur la vie entière. Théodore annonce d'heureuses dispositions, il faudrait lui donner de suite une bonne instruction primaire et le mettre à même d'entrer dans un atelier. Je tâcherai de lui rendre ce double service, heureux si j'y parviens! Cela ne m'empêchera pas de chercher de tous côtés à m'employer, mais l'expérience me rendra plus difficile sur le choix... »

Il entra bientôt au Ministère de la Marine où il accomplit toute sa carrière. Il a laissé le souvenir d'un serviteur modèle de l'État, d'un administrateur excellent, mais c'est un mérite plus obscur qui doit empêcher sa mémoire de mourir. C'est grâce à sa clairvoyance, à son admirable dévouement qu'il poussa jusqu'à l'abnégation, à sa direction droite, que le jeune Chassériau put suivre ses instincts, s'épanouir librement et sainement dans l'art avec toute la fierté de son âme et la force vierge de son talent. Et si l'École française s'enorgueillit de ce beau peintre, elle doit quelque reconnaissance à l'homme modeste et bon qui lui a fait ce royal cadeau.

A l'époque où Frédéric écrivait à son père, Théodore avait six ans. A chacune des lettres de son grand frère il joignait quelques lignes avec un dessin. Il s'exprime gentiment et naïvement comme un enfant de son âge, mais les dessins sont curieux parce qu'ils permettent de suivre la poussée montante de l'art dans cette jeune âme. Ils représentent presque toujours des militaires, des cavaliers revêtus de costumes d'une fantaisie extraordinaire. A chaque courrier les progrès s'accentuent visiblement. Les derniers bonshommes qu'il envoya coloriés et découpés sont des bijoux de finesse et de drôlerie. Il y a dans la manière dont il a distribué les coups de pinceau une recherche de l'effet, un souci du relief qui annoncent le peintre né.

Cependant l'enfant, auquel sur ses instances avait été donné un maître de dessin, s'absorbait tellement dans sa passion qu'il devenait impossible de l'en tirer pour recevoir l'instruction de son âge. Alors

Frédéric, effrayé de sa responsabilité, le plaça dans une pension dont les élèves suivaient les cours du Collège Bourbon. L'essai fut malheureux. Son caractère s'aigrit, sa santé s'altéra. Un jour de congé, comme l'heure de la rentrée approchait, il entra dans un désespoir si violent, que son frère inquiet l'interrogea sérieusement. Théodore répondit qu'il voulait être peintre et entrer dans l'atelier de M. Ingres. Il avait à ce moment dix ans.

Buté dans son idée, ni les raisonnements ni les supplications de Frédéric, dont l'esprit froid et positif se rendait compte des difficultés et des tourments qui attendent l'artiste sans fortune et sans appui, ne purent vaincre son obstination. La pensée d'une autre carrière lui causait un dégoût mortel. Il voulait être peintre et recevoir les leçons de M. Ingres, de M. Ingres seul. — Frédéric comprit qu'il se trouvait en présence non plus d'un caprice d'enfant paresseux et entêté, mais d'un entraînement irrésistible, contre lequel il ne devait pas lutter. Il céda; — mais comment ouvrir à son petit frère la porte de cet atelier célèbre? Amaury Duval, allié à la famille, se chargea de la démarche et réussit à faire admettre au nombre de ses élèves par le grand peintre stupéfait l'enfant extraordinaire.

Le maître et l'élève s'entendirent immédiate-

ment. Théodore prit rapidement la tête de l'atelier,
bien que des jeunes gens qui devaient dans l'avenir
devenir célèbres, Lehmann et Flandrin, s'y trouvas-
sent en même temps que lui. Un jour, comme on
dessinait d'après le modèle vivant, Ingres s'arrêta
devant sa composition et, l'ayant considérée, fit
lever tous les élèves en s'écriant : « Venez voir, messieurs, venez voir, cet enfant-là sera le Napoléon de
la peinture. » Il resta longtemps le favori du peintre,
qui le regardait, parmi ses disciples, comme le plus
fidèle dépositaire de ses principes et son véritable
héritier d'art.

Cette préférence était si connue dans l'atelier
que lors de la nomination d'Ingres à l'Académie
de Rome, les élèves ayant résolu de lui faire un
cadeau, confièrent à leur petit camarade, comme
au plus digne, le soin de choisir l'objet et de
l'offrir au maître en leur nom. Et un an plus tard,
pendant son séjour à Rome, Ingres ayant besoin
d'une tête de nègre pour une figure de Satan dans
une Tentation de Jésus-Christ qu'il préparait, et
ne pouvant trouver de modèle à son gré, il écrivit
à M. Gatteaux de proposer au jeune Chassériau
de faire ce travail comme étant le meilleur de ses
élèves. Cette Tentation de Jésus-Christ ne fut jamais
exécutée, mais le maître conserva l'étude de son
élève, qui se trouve aujourd'hui à Montauban,

comprise dans le legs qu'il fit au musée de cette ville.

Le départ d'Ingres désola Chassériau que son extrême jeunesse tenait encore éloigné de long-temps des concours pour le prix de Rome qui seul lui eût procuré les moyens de rejoindre son maître. Il témoignait un tel regret de perdre à la fois l'enseignement de son choix et l'homme auquel il avait voué une vénération profonde, qu'Ingres, touché de son attachement, l'engagea à le suivre, s'offrant de lui ouvrir à titre amical les portes de la Villa Médicis et de lui continuer ses leçons. Mais la famille n'était pas en mesure de s'imposer le sacrifice que nécessitait le séjour à Rome de Théodore. Celui-ci dut ajourner son voyage jusqu'au moment où, par la pratique de son art, il pourrait suffire à ses besoins. En attendant il loua un petit atelier rue Saint-Augustin, et se mit à travailler seul en vue des expositions.

Il exposa pour la première fois, au Salon de 1836, — le *Retour de l'Enfant prodigue*, *Caïn maudit*, compositions de figures demi-nature et un portrait d'Emmanuel Arago, peintures traitées dans la manière absolue de l'École ingriste. Le *Caïn maudit* lui valut une médaille de troisième classe. Il n'avait pas encore seize ans.

Au moment où Chassériau entrait ainsi victorieusement dans l'art par une récompense officielle
accordée à ses tendances classiques, l'École néo-
grecque était sur le point de s'effondrer. L'issue de
la bataille ne pouvait plus être douteuse. Géricault
avait porté un coup furieux dans le groupe compact
des artistes gelés que conduisait David à la conquête du siècle naissant. Gros venait de mourir ayant
inconsciemment trahi son maître et travaillé au succès
de la révolution. Delacroix était refusé à l'Académie
des Beaux-Arts, mais il régnait. A son œuvre déjà
énorme et éclatante il ajoutait l'*Entrée des Croisés*.

Rien n'est passionnant comme de suivre l'art
dans sa marche saccadée à travers les siècles, d'as-
sister à ses jaillissements subits, à ses transforma-
tions lentes, d'épier ses sommeils profonds, ses
réveils éblouissants. Histoire charmante et pure que
celle du rêve de l'âme humaine captive, éperdue,
ivre de liberté et de poésie, histoire divine qui
inspire l'envie, une envie indécise et délicieuse de
se mettre à genoux et de pleurer de bonheur.

Comment comprendre les écrivains, les savants,
qui ont cherché à assigner des lois à l'art, à l'enfermer dans des théories de fer, à expliquer par des
procédés de professeur d'agronomie les sols, les
climats, les engrais qui lui conviennent, pourquoi il

naît, il fleurit, il meurt? Outre qu'elle fait souffrir l'imagination en lui présentant un problème d'arithmétique résolu à la place de son mystère adoré, l'opération est vaine comme un exercice de prestidigitation. Certes le travail est ingénieux et brillant, mais artificiel et fragile, ressemblant à ces maisons construites sur pilotis, qui tremblent au vent et n'offrent qu'un abri précaire. C'est de la science pour de la science, jeu arbitraire et stérile qui porte en lui-même son germe de mort.

La science capte, dit-on, les rayons du soleil, mais elle ne mettra jamais en bouteilles étiquetées et classées comme des bocaux de pharmacie l'art, cette lumière de l'âme. Ni on ne prévoit, ni on n'explique, ni on ne discipline l'éclair de l'amour.

Qu'on se figure une carte sur laquelle seraient marqués les lieux visités par l'art dans la diversité de ses manifestations, les œuvres des maîtres qui les ont illustrés. Eh bien, c'est le spectacle de la pure anarchie. Voilà l'Italie, les Pays-Bas, les Flandres, l'Espagne, l'Angleterre. Quel gâchis sublime! On comprendrait que l'Italie, à force de remuer son sol pétri d'art antique, ait ressenti la première les douleurs sacrées qui annoncent l'approche du Dieu; mais la Hollande, la contrée la plus insipide, la plus incolore de l'Europe, noyée d'eau sale, habitée

THÉODORE CHASSÉRIAU

par des marchands! Et qui a semé les graines d'où
sont sortis Van Eyck et Rembrandt, Albert Dürer
et Velasquez, pour ne citer que ceux-là? Et pourquoi l'Angleterre, d'une culture si avancée cependant, n'a-t-elle donné qu'une note si tardive dans
l'immense concert? Sans doute elle attendait Van
Dyck, élève de Rubens, lequel descendait d'Otho
Vœnius, qui plonge dans la nuit, pour produire
les Constable, les Turner et les Millais à travers
Joshua Reynolds et Lawrence. Alors sans cette
infiltration flamande, ces artistes si profondément
originaux fussent devenus commerçants dans la
cité, et l'admirable École anglaise n'eût pas vécu?
Vanité et misère de la science envahissante! Ce
domaine n'est pas le sien.

Non, l'art ne se démonte pas comme une pièce
d'horlogerie. Il est imprévu, indépendant, mystérieux; il apparaît, brille, et rentre dans la nuit, sans
raisons, sans règles, sans lois. On dirait qu'il y a
dans la terre un feu intérieur, immatériel et puissant
qui la déchire, cherchant des issues, comme la
flamme des volcans, pour s'élever vers le ciel.
N'est-ce pas l'amour du beau qui éclate, le baiser
qu'envoie notre pauvre monde dans un élan dé-
sespéré à l'infini qui l'agite? La prière, l'adoration,
l'extase, la fumée de l'amour qui monte échappent
à la cuisine des philosophes, dont les raisonnements

laborieusement juxtaposés produisent à peu près l'effet piteux d'une carcasse de feu d'artifice éteint et mouillé un lendemain de fête.

Les hommes privilégiés par lesquels s'opère cette communion de feu sont les hommes de génie. A certaines époques l'art semble immobile, figé dans une formule, mourant de mal'aria; puis quelqu'un surgit qui ouvre tout à coup une porte invisible sur un horizon nouveau de terres vierges, grasses et salubres. Il se fait alors comme une révélation, et les artistes qui s'éteignaient dans l'air vicié se précipitent en masse, inquiets et ravis, sur cette Amérique insoupçonnée, pour s'y tailler des domaines. La nouvelle expression d'art est aussitôt exploitée, imitée, modifiée, torturée et parfois, entre des mains habiles, perfectionnée, de même qu'une fleur par un travail savant se complique et se nuance de couleurs plus rares. — Néanmoins l'homme de génie est celui qui a poussé la porte, qui a eu la vision de l'inexploré. Simplement parce qu'il a écrit ses Salons, Diderot est supérieur à Voltaire, dont l'esprit acide n'a rien créé. — Senancour, ce rêveur embrouillé qui en quelques phrases a écarté le voile dont s'enveloppait la nature, mérite une plus solide gloire que Madame Sand, malgré son extraordinaire fécondité, car il a inventé l'instrument sur lequel elle jouait ses airs délicieux.

David combinant ses Grecs et ses Romains au sortir de l'atelier de Boucher, Géricault peignant son Chasseur à cheval après avoir pris les leçons de Guérin, eurent du génie parce qu'ils rompaient violemment avec des expressions d'art vidées pour en créer d'autres que le monde ne connaissait pas. Ceux qui se partagèrent à leur suite l'empire ne paraissent pas aussi grands malgré le bruit de leur nom et la profusion de leurs œuvres, par cela même qu'ils ont suivi des voies ouvertes. A la vérité, Ingres et Delacroix, avec leur tempérament passionné, leur personnalité robuste, furent des artistes admirables mais incomplets diversement. Delacroix le savait bien et l'avouait; Ingres le savait peut-être, mais ne l'avouait pas.

Comme ils diminuent tous les deux devant ce large génie qui ouvre les portes du siècle, Géricault! S'il avait vécu ils auraient disparu en lui comme ces rivières, énormes pourtant, qu'avalent d'un coup au passage les grands fleuves américains. Leur querelle célèbre dans laquelle ils se portaient des coups à la façon des héros d'Homère eût semblé une farce d'atelier. Il aurait étouffé dans le germe l'orgueil stupéfiant de l'un et corrigé les défaillances mortelles de l'autre qui, du reste, reconnaissait sa supériorité et subissait son influence. M. Maxime du Camp raconte dans ses souvenirs que Delacroix disait, lui parlant de Géricault : « C'est un grand malheur pour moi qu'il soit mort. »

Dans un manuscrit* inachevé laissé par Fromentin, nous trouvons un passage bien significatif à ce sujet :

« Un révolutionnaire, illustre entre tous, M. Eugène Delacroix, m'a raconté qu'en 1824, au moment d'entreprendre son second tableau, il se trouva dans un embarras singulier. La Barque de Dante avait donné de ce jeune et grand talent une idée très favorable, mais qui n'était pas, d'après l'auteur, conforme à son vrai programme. Il l'avait conçue sous l'inspiration de son maître et ami Géricault ; il ne m'a pas dit, mais il est presque accrédité que l'auteur du *Naufrage de la Méduse* y avait mis la main... »

Et plus loin :

« Géricault revenait d'Angleterre. Il avait vu une peinture singulière, claire, vivante, colorée par le coloris même, franche d'accents, qui lui sembla dériver sans trop d'alliage de Rubens et de Van Dyck, et qui lui parut pouvoir convenir aux besoins des idées de son école. Il en fit la confidence à M. Delacroix, qui attendit. Quelque temps après,

---

* *Eugène Fromentin, peintre et écrivain,* par M. Louis Gonse. (Quantin, 1881).

celui-ci en jugea par lui-même à une exposition, faite à Paris, de peintres anglais, et son parti fut pris. Quelques œuvres légères de Gainsborough et Constable avaient suffi pour l'éclairer... Grâce à cette illumination très positive, le *Massacre de Scio,* qui avait failli ressembler à l'Endymion de Girodet, devint l'œuvre éclatante que vous savez, le manifeste de la nouvelle école et l'œuvre la plus pure du maître... »

De quoi dépendent les destinées! Si la boucle de la culotte de Géricault, de ce jeune homme de trente-trois ans, ne s'était pas brisée un jour qu'il devait monter à cheval, tout l'art de ce siècle eût été différent. Quel bouleversement! Quel changement d'air! La pensée plonge en des inconnus d'une profondeur infinie.

Entre Géricault et Chassériau il y a comme une fraternité qui saisit l'esprit. Également nés peintres, de goûts pareils, adorant les chevaux, les exercices violents, la vie ardente, tombés tous les deux, au même âge, dans la même gloire jeune et pure; mais tandis que l'un avait donné sa mesure du premier coup avec une force de Titan, l'autre n'a dégagé sa personnalité que lentement et n'a triomphé qu'à la veille de mourir.

La vision de Géricault est sombre et orageuse. Son œuvre très bornée fait l'effet d'un cri humain

poussé dans un danger menaçant au milieu des ténèbres. Et, s'il est exact qu'il se proposait de peindre
des tableaux ayant pour titres *la Traite des nègres* et
l'Ouverture des portes de l'Inquisition, vraisemblable-
ment l'on peut croire qu'il serait resté dans cette note
dramatique, produisant quelque chose d'énorme
et d'effrayant comme une épopée noire à la manière du Caravage.

Tandis qu'il s'impose par la force à l'admiration,
Chassériau vient à nous comme un berger grec
amoureux, couronné de roses, entouré d'un vol de
colombes. De suite il séduit notre imagination en
lui offrant ce qui manque à l'œuvre de son prodigieux aîné, la lumière blonde du soleil, la grâce, le
charme, le sourire de la vie, c'est-à-dire la femme.

II

ALGRÉ l'encouragement officiel donné à ses premiers tableaux, Chassériau n'exposa pendant les trois années qui suivirent qu'une seule toile, *Ruth et Booz*, dans le même style, et dont la critique ne s'occupa pas. Mais il travailla considérablement dans cet intervalle, amassant les études, les esquisses, les projets, et faisant des portraits. Il existe de lui dans les galeries de Versailles deux toiles, l'une représentant le chancelier du Vair d'après Porbus et l'autre le duc de La Rochefoucauld d'après un portrait de famille, commandes de l'État, qui datent de cette époque. Au cours de l'année 1836, il voyagea dans le Midi et séjourna longtemps à Marseille chez un de ses cousins qu'il affectionnait, M. Frédéric Chassériau, directeur des travaux de la Ville. L'année suivante, il visita la Belgique et la Hollande. En accomplissant ce dernier voyage, il s'arrêta longuement dans les environs de Lille chez le comte de Ranchicourt, avec lequel il resta lié par la plus fidèle amitié. Parmi les divers souvenirs qu'il laissa de son passage figure un missel illustré destiné à Mme de Ranchicourt, qui a conservé cette œuvre unique.

Préparé par ce long stage, il apparaît tout à coup au Salon de 1838 avec une *Vénus Anadyomène* et une *Suzanne au bain*, deux pages exquises, toutes trempées de poésie, qui tirèrent en un moment son nom de l'obscurité. Si le *Caïn maudit* était l'excellent devoir d'un brillant élève, dans ces toiles se montre déjà la personnalité d'un jeune maître. La critique indépendante salua en lui une gloire naissante de l'École française.

L'impression que causa la *Suzanne* a été rendue par M. Pierre Petroz* dans une page qu'il faut lire pour se rendre compte de l'essor rapide et indépendant de l'artiste. « Théodore Chassériau, fort jeune lorsqu'il commença à exposer, rompit, lui aussi, de très bonne heure ses liens d'école. Dans ses premiers tableaux, les hésitations de l'élève entre le respect des principes professés par le

---

* *L'art et la critique en France.* Germer Baillière, 1875.

maître et la recherche de l'allure générale, de l'expression, de la mise en scène, étaient déjà visibles : dans sa Suzanne du Salon de 1839, la personnalité de l'artiste s'accusa franchement. Ce qui distinguait cette figure c'était, ainsi que le disait Haussard *(Temps,* Salon de 1839), la nouveauté de l'invention, l'originalité du type, la naïveté imprévue de la tournure, le mouvement plein de noblesse et de candeur, une gravité un peu mélancolique, un caractère froid, sévère, et dédaigneux de l'attrait; et la plupart de ces qualités n'étaient pas de celles qu'on avait le plus en honneur à l'atelier d'Ingres. Porté par tempérament à voir les choses sous leur aspect frappant et poétique, Chassériau, bien qu'il eût un très remarquable sentiment de la forme, attachait beaucoup plus d'importance aux lignes principales et au jet du dessin qu'à la perfection des contours et des détails, et, plutôt que d'atténuer la grandeur d'un mouvement ou la force de l'expression, il se permettait des audaces qui frisaient l'incorrection. Ce mode de conception et d'exécution, qui était sensible dans la Suzanne et devint de plus en plus évident dans les œuvres suivantes, il était en quelque sorte une violation des préceptes qui avaient servi de base à son éducation artistique. »

A ce moment commence l'amitié de Théophile

Gautier pour le peintre, amitié enthousiaste et ja-
louse, toujours en éveil, qui dut gêner parfois
Chassériau, mais qui le servit merveilleusement par
des conseils justes et des éloges bienfaisants — et
qui lui resta fidèle au delà de la mort.

Ils se connaissaient, s'étant déjà rencontrés dans
cette vieille et fameuse maison de l'impasse du
Doyenné qui fut le foyer du romantisme, un jour
que les habitants du lieu, en vue d'un bal costumé
qu'ils avaient résolu de donner, couvraient de peintures les murs nus du salon. Théophile Gautier a
raconté cela* : « Les inconnus qui, montés sur des
échelles et couronnés de roses, esquissaient chacun
une fantaisie sur le panneau qui lui était dévolu,
étaient Marilhat, Chassériau, Corot, Adolphe Le-
leu, Célestin Nanteuil, Camille Rogier, Lorentz,
tous noms sortis de l'ombre qui les baignait encore!
Gérard de Nerval les regardait, ne faisait rien, mais
leur donnait des conseils. Théodore avait peint une
Diane au bain avec ses nymphes d'un charme sauvage et d'une grâce étrange qui nous frappa singulièrement. »

Pour qui connaît l'œuvre des deux artistes, l'entraînement de Gautier s'explique tout naturellement. L'imagination du grand païen, de l'amoureux

* *Portraits contemporains.* Charpentier et Cⁱᵉ, 1874.

passionné des formes plastiques, du défenseur de
l'art pour l'art, devait se bercer au rêve athénien du
jeune peintre, de celui qu'il appela un Pélage du
temps d'Orphée. Il caressa son ami avec les mots
qu'il savait trouver lorsque l'émotion du beau agitait son âme, ces mots frottés de couleur qui semblent pris sur la palette même de l'artiste et qui,
par l'effet d'un mirage surprenant, donnent la sensation d'une transposition d'art. Ainsi il a reflété
toute son œuvre à la façon dont les belles rivières
paresseuses et azurées reflètent les paysages qu'elles
traversent amoureusement.

La critique s'exerçant sur les créations de l'art
offre le spectacle risible et triste d'eunuques discourant sur l'amour. Rien d'oiseux comme son travail,
vieux ou plutôt mort aussitôt qu'il est né. Diderot
en avait conscience lorsqu'il écrivait : « Je voudrais
bien savoir où est l'école où l'on apprend à sentir. »
Qui sent juste? Qui possède la force de pénétrer
à fond une œuvre d'art? Chacun différant par son
éducation, son esprit, ses nerfs, est impressionné
différemment. L'œil d'un homme de 1825 n'aper-
cevait pas ce qui aujourd'hui nous éblouit. Stendhal,
si vanté pour sa pénétration, plaçait Delacroix à
côté de Schnetz, un peu au-dessous de Girodet, et
qualifiait de ridicules les portraits de Thomas
Lawrence.

Baudelaire, qui a assisté au triomphe de Delacroix, traduit en termes expressifs la stupeur que lui causaient ses admirations passées* : « Je me rappelle, dit-il, fort distinctement le respect prodigieux qui environnait au temps de notre enfance toutes ces figures fantastiques sans le vouloir, tous ces spectres académiques ; et moi-même je ne pouvais contempler sans une espèce de terreur religieuse tous ces grands flandrins hétéroclites, tous ces beaux hommes minces et solennels, toutes ces femmes béguculement chastes, classiquement voluptueuses, les unes sauvant leur pudeur sous des sabres antiques, les autres derrière des draperies pédantesquement transparentes. Tout ce monde, véritablement hors nature, s'agitait ou plutôt posait sous une lumière verdâtre, traduction bizarre du vrai soleil. »

Il resta de son temps, lui aussi ; il admira Delacroix et ne comprit rien à la poésie profonde et âpre de Millet. Depuis Diderot qui se pâmait devant les sucreries de Greuze, jusqu'à M. Castagnary demeuré fermé à l'art supérieur des Gustave Moreau et des Puvis de Chavannes, tous ceux qui se sont mêlés d'écrire sur les artistes de leur temps ont reçu par la suite des démentis pénibles. Pour juger les manifestations de l'art, il faudrait secouer la

---

* *Curiosités esthétiques.* A. Lemerre.

puissance de la tradition, se débarrasser des règles
et des méthodes fixes, désobéir à la routine de son
œil et de son esprit. Est-ce que l'artiste est maître
des battements de son cœur? Est-ce qu'il commande
aux éclairs qui par une illumination soudaine lui
montrent des chemins nouveaux pour atteindre le
beau suprême? Plus il est d'abord insaisissable, plus
il mérite de respect. Hélas! Pour juger l'art, il faudrait avoir en soi l'infini.

En outre, le vocabulaire des mots spéciaux à la
pratique de l'art n'a jamais été fixé avec précision.
Ces mots flottent dans les ateliers, dans la conversation courante, sont définis dans les lexiques et
employés dans les livres avec des significations si
diverses qu'il n'y a pas moyen de s'entendre plus
qu'à la tour de Babel. Fromentin, qui a écrit un livre
unique, possédant à la fois les deux muses, a exprimé souvent la crainte de manquer de clarté. Et
de fait lorsqu'il serre sa démonstration, il cesse
d'être compris. L'œuvre d'art digne de ce nom est
de la poésie réalisée avec de la matière. Que nous
importe la part de métier qu'elle a exigée! C'est en
poète qu'il faut la décrire et non pas la fouiller en
carabin, et c'est pourquoi les belles phrases amou-
reuses de Théophile Gautier ivre d'art, les périodes
glorieuses et marmoréennes que Paul de Saint-Victor
a enroulées autour du corps superbe de la Vénus

de Milo, élevant notre âme et la plaçant en face du beau, constituent de l'admirable critique quoique justement elles n'en soient pas. Au fond de toutes nos émotions esthétiques on rencontre l'amour.

Voici comment Théophile Gautier s'exprime au sujet de la Vénus et de la Suzanne * :

« ... La Vénus marine, heureusement placée sous un rayon de soleil moins blond et moins doré qu'elle, a attiré l'attention au détriment de la Suzanne reléguée par malencontre dans l'ombre la plus noire et la plus opaque; il est impossible de voir un plus charmant tableau. La blanche déesse, dans tout l'éclat de sa belle nudité antique et tout humide encore des baisers de la mer amoureuse, tord les perles de ses cheveux en pleurs et développe par la gracieuse cambrure de son attitude des formes d'une beauté et d'une jeunesse divines. A côté scintille la conque de nacre qui l'a apportée et dans le fond s'étend l'azur paisible de la mer et du ciel séparés à peine par une ligne de rochers. Le tableau nous a fait penser à ces vers de Rolla :

> *Regrettez-vous le temps où le ciel sur la terre*
> *Marchait et respirait dans un peuple de dieux ;*
> *Où Vénus Astarté, fille de l'onde amère,*
> *Secouait, vierge encore, les larmes de sa mère,*
> *Et fécondait le monde en tordant ses cheveux ?*

* La Presse, 1839.

« Le sentiment est tout à fait le même, c'est la mythologie comprise et rendue avec cette élégance rêveuse et passionnée qui manque souvent aux artistes grecs et qui ferait croire qu'ils ne comprenaient pas toute la pensée de leurs symboles.

« La Suzanne surprise au bain par les deux vieillards est comprise d'une façon originale et neuve. Elle vient d'entrer dans l'eau qui se ride autour d'elle en cercles concentriques, l'une de ses mains retient une draperie d'étoffe orientale à zébrures blanches, l'autre arrange dans ses cheveux un fil de perles qui s'est détaché. Sur le premier plan sont jetés ses habits avec des vases de parfums et des boîtes de toilette; le paysage vigoureux et luxuriant occupe le fond. Entre les feuillages, on aperçoit les deux vieillards, couchés à plat ventre, qui écartent les branches avec précaution et s'avancent en rampant vers leur proie, déjà inquiète et troublée par le frôlement des feuilles. — Maintenant que ce tableau a été changé de place, tout le monde admire la sévérité du style, le beau goût du dessin et la largeur d'exécution qui le distinguent. Le paysage serait avoué par les plus habiles et la tête de Suzanne est d'une grande beauté. C'est le type hébraïque dans toute sa pureté orientale. Grands yeux en amande, nez mince, ovale allongé, bouche à la fois épanouie et fine, pommettes un peu saillantes, teint d'ambre pâle, cheveux fauves, tous les signes de race. Nous prédisons à M. Chassériau l'avenir le plus brillant et, sans avoir la prétention d'être prophète, nous nous sommes rarement trompé dans nos prédictions. »

La *Vénus Anadyomène* a passé à l'hôtel des Ventes il y a quelques années et a disparu dans une galerie particulière, mais il en existe de nombreuses reproductions, car elle a été lithographiée par l'artiste et a obtenu à l'époque un succès de vulgarisation considérable. — Le sort de la *Suzanne* a été mouvementé : achetée d'abord par un Américain qui l'emmena à New-York, elle apparaît ensuite à Saint-Pétersbourg, puis revient à Paris qu'elle ne quittera plus, car elle figure maintenant au Louvre, auquel elle a été donnée, en 1884, par Mlle Alice Ozy.

Ces deux œuvres sont bien des œuvres de jeunesse. On y sent que le talent de l'artiste n'est pas encore mûr, mais l'impression qui s'en dégage est d'une nouveauté si fraîche, si éblouissante, que l'esprit demeure ravi, comme grisé devant un lever d'aurore, et s'abandonne, évitant de se ressaisir pour ne pas troubler son bonheur par des raisons chagrines. En les regardant, le vers célèbre revient à la mémoire :

Sur des pensers nouveaux faisons des vers antiques.

C'est qu'il y a en Chassériau de l'André Chénier. Nous avons appris sans étonnement que le
peintre aimait le poète et vivait secrètement avec
lui. Il ressentait un si continuel besoin de cette lecture nourrissante, qu'un jour, en voyage, il se fit
expédier le petit livre laissé à Paris. Ainsi s'expli-
querait dans sa peinture ce mélange d'une si bizarre
saveur, une imagination grecque dans le plus pur
des modernes, un idéal de Parisien ayant étudié
sous Périclès.

De son pinceau créateur sont nées des formes
féminines inconnues, en même temps chastes et
voluptueuses, devant lesquelles le désir s'éveille
hardi, puis s'arrête tout à coup pour finir timide-
ment dans une adoration. Certes, avec leurs chairs
épanouies, leurs bras superbes, leurs seins lourds
pointés, leurs flancs larges et harmonieux, ce ne
sont pas des jeunes filles qu'il nous présente, et
pourtant elles possèdent la grâce troublante du
mystère virginal, la pudique fierté des immaculées.

La Suzanne et la Vénus commencent une galerie
de femmes unique dans l'art. Elles deviendront
moins idylliques, mais elles porteront indéniable-
ment la marque originale du peintre, un caractère
de beauté spécial et tranché, qui en fait une race
à part dans les manifestations séculaires des formes
féminines par le pinceau. — Si, par un miracle que

nos yeux mortels ne verront jamais mais que notre esprit peut se figurer, les femmes créées par les maîtres illustres de tous les pays, de toutes les écoles et de tous les temps, s'animant et sortant de leurs toiles tout à coup, se trouvaient réunies pour comparer leur gloire, dans cette assemblée divine, parmi ces fleurs merveilleuses de l'art, les femmes de Chassériau sembleraient des plantes étranges, des orchidées aux découpures de rêve cueillies sur les bords du Gange sacré, dévorées de fièvre, pleines d'une vie profonde et mystérieuse.

Le sujet de Suzanne lui plaisait, car plus tard il le traita de nouveau, mais sous un format très réduit et tout autrement. Les deux vieillards se sont démasqués et soufflent dans le visage de la jeune femme les paroles impures. Celle-ci, surprise, s'est dressée et les regarde d'un œil noir, superbe d'effroi indigné, cherchant à cacher sous ses bras croisés les seins qui s'échappent et jaillissent, et à retenir en même temps la draperie qui couvre son corps nu. Ce corps est d'une admirable couleur d'ambre chaud et contraste singulièrement avec celui de la première Suzanne qui semble baigner dans un rayon de lune. Cette petite toile est éclatante et dénote le maître en pleine maturité de talent. On dirait qu'il a été inspiré par quelques vers d'André Chénier, flottant dans une ébauche de poème que la mort a empêché de réaliser. Le rapprochement est curieux à faire tant l'interprétation pittoresque semble avoir fixé la vision du poète sous sa forme plastique exacte. Voici ces vers :

> *... Les infâmes vieillards*
> *S'enivrent quelques temps d'impudiques regards.*
>
> . . . .
>
> *Puis comme deux serpents à l'haleine empestée,*
> *Quittant les noirs détours d'une rive infectée,*
> *Fondent sur une enfant qui dort au coin d'un bois,*
> *Ainsi de leur retraite ils sortent à la fois,*
> *Et sur elle avançant leur main vile et profane :*
> *« Viens, sois à nous, ô belle, ô charmante Suzanne !*
> *Viens. Nul mortel ne sait qu'en ce bois écarté*
> *Nous avons... » A ce bruit, l'innocente beauté*
> *Rougit, tremble, pâlit, se retourne, s'étonne,*
> *Se courbe, au fond de l'eau se plonge, s'environne,*
> *Et mouvante, ses bras contre son sein pressés,*
> *Et ses yeux et ses cris vers le ciel élancés :*
> *« Dieu ! grand Dieu ! sauve-moi ; grand Dieu ! Dieu secourable !*
> *Couvre-moi d'un rempart, d'un voile impénétrable. »*
>
> . . . .

III

N 1840, Chassériau présenta deux toiles au Salon : un *Christ au Jardin des Oliviers* et une *Diane poursuivie par Actéon*. Seule, la première fut admise. Comme Delacroix, Corot, Th. Rousseau, Barye, Huet, Gigoux, il connut les rigueurs de ceux que Gustave Planche appelait les messieurs de la quatrième classe et traitait avec un incommensurable mépris. Ces temps nous paraissent bibliques quoique voisins, où un jury d'art excluait des expositions les plus grands artistes du siècle. C'était pourtant bien humain ; outre qu'ils devaient être sincères, ne comprenant rien à l'art de la jeune école, les académiciens ne se souciaient pas d'être dépossédés de leur gloire officielle, péniblement acquise, par la révolution qui battait leurs portes.

Tous les corps constitués, en pareil cas, se défendent jusqu'à ce que l'opinion les viole. Delacroix s'est présenté six fois à l'Institut avant d'y être admis. Pendant vingt ans, l'Institut lui opposait des noms qui sont la plupart aujourd'hui plongés dans la nuit noire. Il fallait blâmer l'institution, qui était fausse, et non pas les hommes, qui suivaient la loi de nature.

Voici ce qu'a écrit Théophile Gautier à propos du Christ au Jardin des Oliviers * :

« De M. Eugène Delacroix à M. Théodore Chassériau, la transition semble difficile au premier abord. Cependant ces deux peintres si opposés ont plus de rapports qu'on ne pourrait le croire. Ils sont, chacun dans leur genre, aussi absolus, aussi entiers l'un que l'autre. Les extrêmes se touchent...

« M. Chassériau a abordé, cette année, un des plus beaux sujets que l'art chrétien puisse offrir au pinceau d'un artiste, le Christ au Jardin des Oliviers. Le thème traité tant de fois est toujours neuf et toujours futile. M. Chassériau, quoique jeune, est déjà un artiste consommé. De fortes et sévères études sous le plus vigoureux de tous les maîtres le mettent en état d'entreprendre sans crainte les machines les plus compliquées de la haute peinture.

* La *Presse*, 1840.

Chose bien rare à cet âge où le rêve est toujours au-dessous des moyens d'exécution. Il fait ce qu'il veut. Son Christ est remarquable par la décision et la violence du parti pris. Nulle hésitation, nul tâtonnement; tout est traité par larges masses, et quoique l'exécution soit très fine, l'aspect général est des plus simples, et les différents groupes de la composition s'étagent et se mettent à leur place avec aisance et clarté. Le Christ affaissé sur ses genoux, la tête penchée, les muscles dénoués, les bras pendants comme un homme à bout de courage, semble reculer devant le calice d'amertume qu'un grand ange lui tend avec un geste impérieux et résolu. Cet ange à la chevelure fauve, à l'œil d'un bleu sombre comme le bleu de la mer, au nez mince, à l'ovale allongé, à la lèvre douloureusement arquée, avec ses bras de Titan, son col d'athlète et ses mains de femme, a un air vraiment étrange et surnaturel. Ce n'est pas un de ces petits anges coquets, un de ces jolis pages de la cour céleste qui n'ont d'autre affaire que de se balancer dans l'outremer sur des ailes de colombe pour aller porter des palmes et des couronnes à quelque jolie sainte, mais un de ces archanges sérieux et sévères que Dieu n'envoie que dans les occasions solennelles. Il semble dire à Jésus : « Bois ce calice « où toutes les douleurs du monde ont été pressées « comme des grappes, afin que lorsque tu seras

« Dieu tu aies pitié de la faiblesse humaine. » Un autre ange, éclairé d'un reflet d'auréole, montre dans une perspective lumineuse le gibet sublime et le roseau dérisoire; un troisième ange, de forme plus féminine, dont les ailes sont à la fois satinées comme des ailes de cygne et fortes comme des ailes d'épervier, incline sa tête sur ses belles mains et verse des larmes, blanches perles de pitié, sur le sort de la pauvre victime qui sue déjà la sueur du supplice. Le bas du tableau est occupé par le groupe d'apôtres qui boivent à pleines gorgées dans la noire coupe du sommeil. Sous le rideau d'ombre épaisse dans le fond, par un chemin creusé en ravin aux lueurs rouges des torches qui dessinent leurs sanglantes auréoles dans le bleu froid de la nuit, l'on voit arriver la troupe des satellites guidée par l'apôtre au baiser perfide. Un grand olivier qui tord dans le coin du ciel comme des bras éperdus de douleur ses branches pleines de coudes et de rugosités, caractérise le lieu de la scène.

« Le Christ, les nuages et les terrains sont éclairés par une lueur terne et livide, comme celle qui couvre les tempes des morts, qui tombe par les écroulements et les déchirures de grands nuages noirs aux configurations sinistres.

« On a critiqué cette couleur. Quant à nous, elle nous paraît excellente. La scène se passe dans la

nuit; la lumière ne vient ni du soleil, ni des flam-
beaux, ni de la lune, mais elle émane du groupe des
anges entourés de l'atmosphère de leur gloire.
Comme M. Chassériau est élève de M. Ingres, on
s'est empressé de dire qu'il était exclusivement dessinateur. Nous sommes bien fâchés que le jury ait
refusé la Diane surprise par Actéon, effet de soleil
couchant, blond et vermeil comme l'or rougi à la
fournaise. C'était la meilleure réponse possible à
cette critique prévue par le peintre lui-même.

« M. Chassériau nous paraît dans la bonne voie,
et de tous les jeunes artistes c'est lui qui donne les
plus hautes espérances, espérances déjà réalisées.
M. Ingres serait content du Christ au Jardin des
Oliviers, c'est tout dire; aucun éloge, à coup sûr, ne
peut flatter davantage un jeune peintre. »

Ingres témoigna en effet bientôt à son ancien
élève sa satisfaction pour cette toile qui était destinée à l'église de Saint-Jean-d'Angély où elle se
trouve encore aujourd'hui. Elle avait été commandée
à Chassériau par l'État à la suite d'une démarche
de la comtesse de Meulan auprès de M. Cavé, directeur des Beaux-Arts. Cette femme distinguée, par
un sentiment d'une délicatesse fine et charmante,
désira et obtint avec la commande que le tableau
fût attribué au pays de la famille du peintre.

Au mois de juillet de cette année-là, Chassériau

partit pour Rome. Il y a dans la vie des phases si distinctes qu'on les dirait tranchées par une lame. Un malheur, une félicité, une secousse d'amour, une déception, moins encore, une lecture, un mot qui tombe comme la foudre, causent ces sections nettes. Il semble à l'esprit qu'une grande lumière s'allume tout à coup en lui par laquelle il voit clair pour la première fois. Ainsi la vue de Rome, l'air de ce sol saturé d'art, transformèrent Chassériau. Accouru auprès de son ancien maître en disciple convaincu et soumis, il rentra à Paris six mois après, indépendant et décidé à rompre avec l'art exclusif et borné de l'école ingriste.

Nous possédons de lui deux lettres adressées de Rome à son frère qui contiennent sur son séjour des détails intéressants, et notamment un passage bien significatif sur cette évolution. M. Frédéric Chassériau, qui possédait une volumineuse correspondance du peintre, l'avait transportée avec ses papiers, à l'époque de la Commune, au Palais du quai d'Orsay, pensant qu'elle y serait plus en sûreté qu'au domicile d'un ancien conseiller d'État de l'Empire. Les flammes qui ont détruit les peintures de l'escalier de la Cour des Comptes, consumèrent en même temps les lettres de l'artiste. C'est par hasard que ces deux-ci, se trouvant entre les mains d'un ami, échappèrent au sort des autres :

« Rome, le 9 septembre 1840.

« Mon cher Frédéric,

« Je suis bien occupé de tous les côtés, mais je ne veux pas pourtant vous inquiéter, et manquer l'occasion de vous écrire.

« Ta petite lettre de l'autre jour m'a fait grand plaisir, comme toutes les autres. Je ne manquerai pas de causer avec M. de Rayneval des consulats en Italie. Nous sommes très bien ensemble, et presque liés. Mes études d'ici lui ont beaucoup plu, et il saisit toujours avec empressement l'occasion de me faire plaisir.

« Je reviendrai bien riche en France, avec beaucoup de compositions pour l'avenir, et les études faites pour celles que je veux faire à mon retour. Je regarde Rome comme l'endroit de la terre où les choses sublimes sont en plus grand nombre, comme une ville où l'on doit beaucoup réfléchir, mais aussi comme un tombeau.

« Je n'ai pas trouvé à Rome autre chose que le Colysée de chrétien; Saint-Pierre n'a aucune apparence religieuse, et les monuments païens sont si communs, quoique en ruine, que c'est l'antiquité qui est toujours présente à l'imagination. Comme

nous ne pouvons avoir aucune sympathie dans le
cœur pour Jupiter, Platon, Vesta et une foule
d'autres dieux ou déesses, ce n'est pas à Rome que
nous pouvons voir la vie actuelle, et quand on reste
les yeux toujours tournés vers le passé, on risque
beaucoup de rester, en ses œuvres, dans une agréable
béatitude qui vous endort.

« Je n'ai rien eu à craindre des fièvres qui ont
été très fortes, étant étranger et depuis peu de
temps dans le pays. Ce n'est qu'après un ou deux
ans de séjour qu'elles peuvent vous être nuisibles.

« J'ai fait des études de la campagne si célèbre
par sa beauté et qui est si belle. C'est une chose
unique au monde, du dessin le plus beau, le plus
élevé, de la couleur la plus riche et avec une grande
tristesse et une gravité qui est sublime dans la peinture grandiose, — car je ne veux pas dire le vilain
mot *historique* si froid et si académique et surtout
si nul.

« J'ai vu souvent l'abbé Lacordaire qui est dans
la retraite au couvent de Sainte-Sabine. Il travaille,
maintenant qu'il est frère prêcheur, à s'instruire
encore pour venir en France porter sa parole. Tu
sais que je lui avais demandé de faire son portrait,
que tous les artistes de la Villa Médicis et surtout,
Lehmann qui est ici, désiraient beaucoup pouvoir
peindre. D'abord il m'avait répondu qu'il réfléchi-

rait à ma proposition, qu'il était peu de chose comme rang dans le clergé et que son portrait serait vu sans intérêt, etc., etc... J'ai parlé chaudement là-dessus et dit tout ce que je pouvais dire sur la curiosité et le plaisir que le public aurait à le voir en *dominicain*. Intérieurement il le savait très bien, car il est très fin. Nous nous étions séparés sans rien décider, quand hier j'ai reçu une charmante petite lettre de lui, où il me remercie et où il accepte avec plaisir. J'ai été très heureux de cela que je regarde, sous tous les rapports, comme une bonne fortune pour moi. Je te garde la lettre avec soin, puisque tu fais une collection d'autographes. C'est un homme qui, j'en suis certain, n'a pas fini de faire parler de lui. C'est un des esprits les plus profonds qu'il puisse y avoir en ce monde. J'avais besoin de faire un beau portrait pour le Salon. — Me voilà content. M. Ingres me charge de te faire ses amitiés. Le succès de sa *Stratonice* lui fait grand plaisir.

« Je lui ai porté mes études d'après Pompéi et le musée napolitain. Il en a été très content, me disant, à plusieurs reprises, que c'était fait comme par quelqu'un qui n'avait plus rien à apprendre.

« Je lui ai fait voir une petite esquisse que j'ai faite de souvenir de mon Christ. La composition dont il a pu juger seulement lui a plu beaucoup et il m'a dit désirer en voir une chose plus complète.

Fais-moi le plaisir de t'informer s'il serait possible
dans l'endroit où il est de le faire prendre au da-
guerréotype. Cela réussit à merveille et serait d'une
grande utilité pour en faire exécuter ensuite une
gravure. Réponds-moi là-dessus et surtout ne
t'adresse pas à M. Cavé, que je veux laisser dormir
tranquille jusqu'au moment où je le rendrai fou à
force de demander.

« Dans une assez longue conversation avec
M. Ingres, j'ai vu que sous bien des rapports jamais
nous ne pourrions nous entendre. Il a vécu ses
années de force et il n'a aucune compréhension des
idées et des changements qui se sont faits dans les
arts à notre époque; il est dans une ignorance complète de tous les poètes de ces derniers temps. Pour
lui c'est très bien, il restera comme un souvenir et
une reproduction de certains âges de l'art du passé,
sans avoir rien créé pour l'avenir. Mes souhaits et
mes idées ne sont en rien semblables. C'est pourquoi en décembre, dans les derniers jours, je serai
en France, chargé d'études de toute sorte, et pour
me mettre en campagne j'apporterai le portrait de
l'abbé avec moi, ce qui est très suffisant pour mon
exposition s'il y en a une toutefois.

« Ainsi cherche un atelier positivement. J'aurais
bien voulu voir Venise et tout le nord de l'Italie,
mais je ne pouvais pas y aller maintenant, Rome

m'étant plus nécessaire, et tu sais que voir un pays
sous un vilain aspect c'est fort triste, ce qui m'empêchera d'y aller cet hiver. J'aurai vu cette fois
Gênes, Rome, Naples, Florence et leurs environs.
Je ferai, le plus tôt que le temps me le permettra
dans la suite, un voyage dans le nord de l'Italie, où
la vie est moins chère et plus facile. Toutes les fois
que j'aurai trois ou quatre mois de tranquillité
j'irai étudier et rêver à Rome que je n'oublierai
jamais.

« Tu vois, mon cher frère, que je te parle bien
longuement de moi, sachant que je te fais plaisir
ainsi qu'à tous. Dis bien à maman que je l'embrasse
ainsi que mes sœurs que je viendrai bientôt tour-
menter après leur dîner. Adieu, je suis horriblement
pressé de tous les côtés et je suis obligé de finir
cette longue causerie en vous embrassant tous.

« THÉODORE. »

Rome, 23 novembre 1840.

« Mon cher Frédéric,

« Je suis horriblement occupé par mille études
dont j'ai besoin et je viens d'avoir une très heureuse
chance d'artiste en apprenant, il y a deux jours,

que Mme *** désirait son portrait fait par moi. J'ai
commencé ce portrait depuis hier, et voici comment
tout s'est passé. Et si sous tous les rapports la chose
n'est pas si brillante qu'elle aurait pu l'être ce n'est
certes pas faute d'adresse de ma part.

« L'ambassadrice était venue voir le portrait du
P. Lacordaire. Elle m'en avait fait beaucoup
d'éloges et, une fois chez elle, en avait parlé à son
mari qui est toujours souffrant. Comme il voulait
offrir à sa belle-mère qui habite Paris le portrait de
sa fille, il avait prié M. de Rayneval de s'informer
près de moi, avec diplomatie, de l'époque de mon
départ, et près de mon ami Paul*, si je me chargerais
du portrait de sa femme, disant que M. Ingres était
beaucoup trop long. J'ai chargé Paul de répondre
oui. Il ne restait donc plus que la question du prix
si grave pour tous les gens riches, comme je l'ai
appris déjà à la demande que M. de Rayneval m'a
faite. J'ai prié Paul de demander, comme chose très
modérée, deux mille cinq cents francs. Là-dessus, le
mari, qui veut faire un cadeau sans se ruiner, s'est
agité douloureusement sur son lit et a dit que j'étais
trop cher, que j'avais assez de talent pour l'être,
qu'il était désolé, mais qu'il ne voulait pas donner
plus de mille francs.

---

* M. Paul Chevandier de Valdrôme.

« Ce pauvre M. de Rayneval est sorti tout rouge et a raconté l'anecdote à Paul qui lui a dit que, puisque M. *** ne voulait donner que mille francs d'un portrait qui en valait le triple et qui en peu d'années vaudrait dix fois plus, je me chargerais de la chose, que sa femme en était déjà informée et que s'il le voulait de dix pieds de haut je le ferais. Le vieillard, sachant que tous les artistes envient de faire ce portrait, veut l'avoir pour rien, pensant que l'artiste sera trop heureux et qu'il se dédommagera sur tous les gens qui, voyant une femme belle comme un ange et ambassadrice se faire peindre par un jeune homme. voudront tous être peints par lui.

« Enfin, je suis encore enchanté malgré cela, et je resterai à Rome juste le temps que ce travail exigera. Mme *** est très douce et parfaitement élégante. M. Ingres m'a envié quand je lui ai dit que je la peignais.

« Je désire faire beaucoup de portraits pour me faire connaître d'abord, gagner de l'argent ensuite, afin d'acquérir l'indépendance nécessaire qui me permettra d'accomplir les devoirs d'un peintre d'histoire.

« Il me reste encore cinq cents francs de ce que j'ai emporté de Paris. Je n'ai pas dépensé plus, grâce à Chevandier qui a deux appartements et qui m'en prête un. Il veut que je dir presque tous les

jours chez lui ou chez sa sœur. Je suis donc fort bien
installé pour peindre, depuis hier, au palais Colonna
où demeure l'ambassadeur. Nous avons fait connaissance hier et nous sommes très bien.

« L'abbé Lacordaire va arriver à Paris pour y
passer quelque temps; il voulait que je parte avec
lui et j'avais fait envoyer mes malles, quand ma
dernière aventure a un peu retardé mon départ. Il
apporte à maman, Adèle, Aline et Mme Monnerot
et à sa fille les chapelets que j'ai promis. Il les a fait
lui-même bénir et vous les fera porter. J'ai voulu
que ces demoiselles les aient pour le jour de Noël.

« Maintenant, mon cher Frédéric, que j'ai tant
parlé de moi par conscience, je désire savoir des
détails sur ta nouvelle position. Es-tu toujours bien
avec l'amiral et espères-tu être nommé auditeur au
Conseil d'État, comme tu le disais dans le temps?
Je le souhaite bien vivement et je crois que tu réus-
siras. Dès mon retour je ferai tout pour avoir de
beaux travaux et j'en aurai. Alors chacun de nous
dans une position faite, nous aurons moins à craindre
de l'avenir.

« Mes amitiés à nos amis. Dis-leur que le dernier
portrait que j'ai commencé me retient quelques
jours de plus, mais qu'étant forcé de retoucher mes
portraits à Paris et d'achever mon *Andromède* avant
de les envoyer au Salon, dont les derniers délais

4

sont le 25 février, je compte être à Paris vers le
20 janvier.

« Dans trois jours je t'enverrai des lettres pour
mon père, pour de Ranchicourt et une pour Mottez.
En attendant, veuille ne pas m'oublier près de
l'amiral. Je vous embrasse tous.

« Ton frère tout dévoué,

« THÉODORE.

« Je finis mes études et j'ébauche mon portrait.
Tâche que mon nouvel atelier soit bien et surtout
grand. J'ai acheté ici plusieurs étoffes antiques qui
y feront un bel effet. Je sors pour aller rendre une
visite à monseigneur de Falloux. »

Chassériau se détacha doucement de M. Ingres,
dont il parla toujours avec affection et grand
respect, mais celui-ci ne lui pardonna jamais ce
qu'il appelait une trahison. Il lui témoigna une
haine obstinée et ridicule, si elle n'eût pas été
l'effet d'un regret et d'une conviction sincères.
« Ne me parlez jamais de cet enfant-là, » disait-il à
M. Haro, qui cherchait un jour à le rapprocher de
son ancien élève devenu un maitre.

M. Jules Claretie, dans son livre sur les peintres
contemporains, a rapporté ainsi une des démons-

trations par lesquelles il avait coutume de manifester ses sentiments indignés : « M. Ingres est l'ami du docteur Cabarrus, qui possède dans sa galerie une superbe toile de Théodore Chassériau. Lorsque le peintre va rendre visite au médecin, il lui faut se heurter du regard à cette toile maudite dont la couleur lui brûle les yeux. Alors que fait-il ? Gravement il lève les pans de son ample redingote, se voile les yeux et passe. »

Il traitait Chassériau comme il traitait Rubens, Delacroix, avec une violence qui fut admirée comme une force de tempérament, mais qui pouvait bien aussi résulter d'un manque absolu d'éducation. On s'explique le sourire froid de gentleman avec lequel Delacroix accueillait les attaques lourdes de l'ancien petit musicien du théâtre de Toulouse.

Au Salon qui suivit son retour de Rome furent exposés les portraits du P. Lacordaire et de la comtesse de Latour-Maubourg. Le dominicain est représenté debout, en habit de son ordre, les bras tombants, les mains croisées devant lui, sous les voûtes de Sainte-Sabine. Le tableau est d'une tonalité uniformément sombre qui serait désagréable si le visage maigre et ascétique du jeune moine aux yeux brillants de fièvre ne l'éclairait comme un flambeau. Sans doute le peintre a voulu, en embrumant sa toile, concentrer notre attention sur ce visage et nous faire sentir la puissance de ce regard embrasé. On comprend l'effet que dut produire dans la chaire de Notre-Dame, où il allait paraître en quittant la vieille basilique du mont Aventin, ce saint Dominique ressuscité.

Ce portrait, intéressant comme une page d'histoire, a été gravé par Monin. Néanmoins, il ne doit pas être connu, car il n'a été reproduit, croyons-nous, dans aucun des ouvrages consacrés au célèbre moine.

M. Paul Mantz* a rendu compte de l'impression que produisit le portrait de la comtesse de Latour-Maubourg : « Il effraya les Parisiennes par l'austérité de l'exécution et la sécheresse de sa silhouette rigide. Étrange image, en effet, sorte de fantôme aux blancheurs sépulcrales, qui paraissait enveloppé de ses dentelles comme d'un suaire et qui, par l'ardeur de sa prunelle, par sa pâleur transparente, laissait cependant deviner le rayonnement de la lampe intérieure. N'est-ce pas à propos de cette effigie qu'on a ingénieusement écrit qu'elle inspirait une sorte d'attrait repoussant ? »

Il faut citer encore à côté de ces portraits deux

* *L'Artiste,* 1856.

pages de la première manière du maître, tout imprégnées de poésie antique, l'*Andromède attachée
aux rochers par les Néréides* et les *Troyennes pleurant
au bord de la mer*, composition inspirée par les vers
de Virgile :

*Cunctæque profondum
Pontum adspectabant flentes...*

« Au bord d'une mer bleue, a écrit Théophile
Gautier*, au pied d'un promontoire, sur une plage
couverte de rochers où se joue l'écume des vagues,
une vingtaine de femmes sont rassemblées. Plusieurs sont couchées; d'autres, debout, regardent la
mer. D'autres encore se voilent la face ou s'appuient
sur leurs compagnes, formant des groupes distincts
et variés, mais tous conçus dans un sentiment de
pensive douleur. Une tristesse douce et calme règne
sur tout le tableau où la monotonie était à craindre
et a été heureusement évitée. Le style de la composition est noble, un sentiment vrai de la grâce s'y
révèle. La critique pourrait relever des réminiscences trop vives de Pompéi peut-être, mais ce
n'est pas nous qui reprendrons jamais un jeune
artiste de se rapprocher de l'antique... »

L'antique! ce sentiment est si profond dans

* *La Presse*, 1842.

l'âme de Chassériau, qu'il ne se perdra jamais. Il
se trahira même en Algérie, dans l'interprétation
des scènes et des types arabes. L'Orient musulman
se décomposera à travers son rêve de beauté pour
revêtir les formes pures de la Grèce artiste. Et sa
dernière œuvre, le Tepidarium, sera l'explosion magnifique de cette veine d'art qui aura traversé toute
son œuvre.

IV

L'ŒUVRE la plus considérable et la plus originale de la jeunesse du peintre date de cette époque, œuvre bien oubliée aujourd'hui, perdue au fond d'une pauvre et vieille église de Paris, à peine visible sous la crasse, les moisissures qui la couvrent comme des lèpres et la mangent peu à peu. Rien de plus triste que l'agonie d'une œuvre d'art, car cela possède une âme immortelle, vit, souffre, pleure et ne se défend pas. Cette beauté qui nous enchante, que l'artiste a répandue sur son ouvrage au moment unique et sublime de l'inspiration, à mesure que la destruction implacable s'avance, se réfugie dans les parties épargnées, se concentre dans un visage, un

membre, un pli de draperie, où elle brille longtemps comme une étincelle mourante, puis s'en-
vole tout à coup à Dieu. Et le clergé qui passe
tous les jours devant cette agonie ne s'aperçoit pas
qu'il commet un sacrilège en laissant disparaître
une création humaine où se manifeste le souffle
divin. Ne comprend-il donc pas que la religion vit
de poésie, et que ce qu'il y a d'adorable dans le
tabernacle c'est la puissance mystérieuse qui la
verse en nos pauvres cœurs?

Sans doute, il est flatteur et avantageux pour
des artistes de recevoir les commandes officielles,
mais s'ils avaient le souci de prolonger leur gloire
dans la postérité, jamais ils n'accepteraient d'exécuter des décorations d'église. Outre que par les
dispositions mêmes des édifices religieux leur travail se trouve toujours mal éclairé et pénible à
considérer, il risque d'être compromis irréparable-
ment par l'incurie des prêtres qui demeurent en
général fermés à l'art avec une application si persistante qu'elle semble faire partie des vertus sa-
cerdotales. Il suffit pour s'en convaincre de contempler les effroyables objets de sainteté dont ils
couvrent les murailles dont ils disposent.

Faut-il rappeler l'admirable Pieta de Delacroix
enfouie dans un abîme d'obscurité à l'église du
Saint-Sacrement? Malgré l'emploi excessif que le

peintre prévoyant a fait des couleurs claires, l'on
ne sait si l'on a devant soi une scène de piété ou
un combat d'animaux féroces.

Que ceux qui aiment les légendes naïves et merveilleuses aillent, par une journée de soleil, visiter
la petite chapelle de Saint-Merry, où Chassériau a
écrit la vie de sainte Marie l'Égyptienne ; mais qu'ils
se hâtent, car il ne restera plus bientôt qu'un badi-
geon humide et trouble à la place de ces scènes
charmantes. Ils pourront encore admirer l'art an-
gélique, pur et délicat, l'imagination orientale et
fleurie avec lesquels le jeune peintre, par un mélange de profane et de sacré d'une inexprimable
saveur, a illustré l'histoire de cette courtisane de
l'antiquité chrétienne.

Cette histoire, Théophile Gautier l'a racontée
avec une grâce archaïque admirablement appro-
priée au sujet : elle fait penser à certaines pages
que le P. Lacordaire a écrites sur sainte Marie-
Madeleine, où se rencontre le même charme poétique. On dirait des reliquaires anciens d'un travail
précieux renfermant les âmes purifiées des deux
belles pécheresses auxquelles il a été beaucoup
pardonné parce qu'elles ont beaucoup aimé.

Voici donc le récit de Théophile Gautier* :

* La *Presse*, 1843.

LA CHAPELLE

DE

SAINTE MARIE L'ÉGYPTIENNE

« S'il est parmi toutes les merveilleuses histoires
de la vie des saints, si naïvement racontées par les
agiographes du moyen âge, une légende adorable
et charmante, qui mérite d'être tracée en belle
gothique sur le vélin le plus pur, avec des majus-
cules de cinabre et des fleurons d'or et d'azur,
c'est assurément celle de sainte Marie l'Égyptienne.
La vie de sainte Marie l'Égyptienne, que l'on appelle aussi Marie la Noire, et qui a donné lieu à
cette erreur d'une Notre-Dame négresse, se trouve
dans les Actes des Saints, traduits du grec et du
latin par Paul Diacre, et dans plusieurs manuscrits.

« Quant à nous qui n'avons pas sous la main
ces in-folio vénérables, nous tirerons les détails du
récit que nous allons faire pour aider à l'intelligence des peintures exécutées par M. Théodore
Chassériau à Saint-Merry, d'une romance ou com-
plainte espagnole imprimée sur papier à sucre, avec
des vignettes en bois et des têtes de clous, à Cor-
doue, par Raphaël Garcia Rodriguez, rue de la
Librairie. Les légendes imprimées de la sorte ont
un cachet authentique et sincère que leur enlèvent

les caractères neufs, les larges justifications et le
papier blanchi à la chaux.

« En Égypte, à Memphis, la ville des sphinx et des
ibis, naquit de parents riches et honorables une
petite fille nommée Marie, une perle, un miracle,
une extase, un ciel de beauté. Dans la ville on
n'eût pas trouvé sa pareille, et dans la maison elle
était fille unique; aussi jamais enfance ne fut plus
choyée, plus caressée, plus dorlotée que la sienne.
Tous ses caprices étaient obéis et rien ne coûtait à
ses parents pour la satisfaire. Malheureusement ce
corps si parfait était habité par une vilaine âme;
ce vase d'onyx, ce coffret d'ivoire et de nacre ne
renfermait qu'une essence empoisonnée et qu'un
tison d'enfer. A douze ans, Marie, emportée par des
amours précoces, quitta de nuit la maison, sans
songer aux larmes de son père et de sa mère, et se
sauvant avec la résolution d'une amazone à travers
les campagnes désertes, les forêts sauvages, les
plaines sablonneuses, jusqu'à la ville d'Alexandrie,
où elle planta hardiment sa bannière de pécheresse. Nous laissons à penser que de flammes, que
de soupirs, que de fêtes, que de dépenses, que de
querelles, que de morts et de prisons, excita la
nouvelle arrivée parmi le peuple d'Alexandrie. Ce
n'étaient que lettres, cadeaux, allées et venues de
messagers; l'or fondait ou ruisselait dans les mains

de Marie. Au feu de ses prunelles, les fortunes disparaissaient comme la neige au soleil. Au bout de quelque temps cette vogue s'apaisa. Les galants effrayés se tinrent sur la réserve et Marie, incendie, volcan, Etna de passion, vendit les unions de perles, les robes de brocart d'or, les esclaves grecs et gaulois, les lits aux pieds d'ivoire, pour payer l'amour qu'elle n'inspirait plus. Cette vie effrénée dura plusieurs années, sans trêve ni relâche, et quoique tombée dans une telle pauvreté qu'elle arrachait les racines des champs pour se nourrir, Marie se trouvait heureuse et riche dans la plénitude de la volupté. Un jour la marée montait, un vaisseau se balançait dans le port, prêt à partir, une grande foule d'Égyptiens et de Libyens s'empressaient sur le môle. Où vont ces hommes, demanda la pécheresse? A Jérusalem pour l'élévation de la Sainte Croix. Marie se sentit prise d'un grand désir d'aller avec eux, sans doute par l'idée de trouver là-bas, en qualité d'étrangère, des succcès, des joyaux, et peut-être déjà secrètement émue par les approches du souffle de la grâce, car qui peut sonder les desseins de Dieu! Elle s'embarqua et paya son passage avec la monnaie des courtisanes, d'un prix infâme. Si le vaisseau ne fut pas brûlé au milieu de l'onde par le feu du ciel, c'est que la providence réservait la pécheresse au repentir, et que Dieu ne veut pas

la mort du coupable mais sa conversion. Jamais
plus honteux scandales ne déshonorèrent un navire
fait de planches assemblées, et toutes les eaux de
la mer auraient eu peine à laver de semblables
souillures.

« On débarqua dans le port de Zara, ville de
Syrie, et de là les pèlerins se dirigèrent vers Jérusalem, qui vit mourir le rédempteur du monde.
Sans être touchée par la sainteté des lieux, par les
traces des pieds de Jésus, encore empreintes sur
tous les chemins, Marie se livra à des dissolutions
plus grandes encore que dans le navire : elle se
promenait à travers les rues et les places, dans l'orgueil de sa jeunesse et l'enivrement de sa beauté,
marbre inaltérable que les fatigues du plaisir et
l'abandon d'une vie effrénée n'avaient pu rayer
d'une seule ride. Un jour, elle se trouva entraînée
comme malgré elle, toute couverte de ses colliers,
de ses bracelets, de sa folle et bizarre toilette de
mauvaise femme, par un flot de foule qu'absorbait
le porche béant d'une église ; elle monta les degrés,
moitié marchant, moitié portée. La foule curieuse
de voir le Saint Sépulcre, d'où est sortie la vie nouvelle, franchissait le seuil avec facilité et s'enfonçait
dans les nefs du temple, mais une main invisible
semblait repousser Marie et lui défendre l'entrée
du sanctuaire. Ses pieds s'alourdissaient et s'enra-

cinaient au sol, elle ne pouvait avancer d'un pas sans être à l'instant même reportée en arrière. A ce prodige, un tremblement la prit, le frisson courut sur ses épaules nues, et dans un prompt retour sur elle-même, sur son existence passée, elle comprit toute l'horreur de sa conduite, car les taies du péché venaient de tomber de ses yeux.

« Apercevant sous le péristyle une statue de la Sainte Vierge avec le petit enfant Jésus dans les bras, elle se prosterna devant elle, les yeux pleins de larmes, le cœur gros de soupirs, et se frappant la poitrine, elle lui fit dévotement cette prière en toute humilité et componction : « Je sais bien, rose mys-« térieuse, que je vous ai offensée, vous et votre fils, « mais vous êtes la mère de pitié, et près de vous, « les prières du pécheur parlent plus haut que ses « fautes. O mon bien! ô mon espoir! intercédez « pour moi votre divin enfant dont je jure d'être « l'épouse fidèle. Je verserai tant de larmes de dou-« leur qu'elles effaceront les taches de ma vie. Don-« nez-moi, céleste dame, le secours de votre grâce, « pour m'aider à vaincre les ennemis qui m'assaillent « et me faire gagner la couronne dans la gloire du « paradis! »

« Cette fervente prière achevée, aucun obstacle n'arrêta plus Marie; elle pénétra dans le temple avec le reste des fidèles et put admirer le bois de

vie, l'adorable gibet du haut duquel Jésus ouvrit
ses bras sanglants pour enserrer le monde dans une
étreinte d'amour. Il faudrait une plume arrachée à
l'aile de l'aigle mystique pour vous raconter la
pluie de ses douleurs, l'orage de ses soupirs et la
tempête de ses sanglots. Les repentirs de Madeleine étaient dépassés. Enfin, après s'être confessée,
elle fut admise à la table céleste, elle se nourrit de
ce pain qui est la chair de Dieu, de ce pain qui
épure, fortifie et change l'homme en ange.

« Heureuse et fière d'un tel honneur, elle supplia
Jésus de lui faire savoir de quelle manière et en quel
lieu elle pourrait le servir comme une amante
tendre, empressée et fidèle. Aussitôt une voix sortit
d'un nuage lumineux et lui dit : « Près du Jourdain
« sera ta demeure! » Dieu avait accepté le sacrifice
de la repentie.

« Elle sortit incontinent de la ville et marcha vers
le désert, cette patrie des cœurs en souffrance. Un
homme charitable qu'elle rencontra sur sa route lui
fit l'aumône de trois pains qui, par un miracle du
ciel, lui servirent dix-sept ans de nourriture. Les
brèches qu'y faisaient ses dents se réparaient
d'elles-mêmes et ses larmes empêchaient la pâte de
durcir.

« Dans les premiers temps, la pauvre Marie eut
bien des épreuves, bien des combats à subir. Les

tentations rôdaient autour d'elle; sous la cendre de
la pénitence pétillaient encore quelques étincelles
de passion. Ni le jeûne, ni la prière, ni la discipline
ne pouvaient avoir raison de cette chair révoltée et
superbe. Dans le sable aride du désert, près des
eaux rares et jaunes du Jourdain, sous l'ardeur fié-
vreuse d'un soleil de plomb, des mirages incendiaires lui rappelaient les beaux jeunes hommes aux
allures hardies, les sérénades, les écrins remplis de
bijoux et de billets d'amour, les longs repas, les
folles nuits de débauches, toutes les pompes dont
Satan se sert pour attirer les âmes au mal; mais elle
triompha de toutes les suggestions de l'esprit de
ténèbres qui, forcé de s'avouer vaincu, la laissa maîtresse du champ de bataille.

« A force d'austérités et de saintes violences contre
elle-même, elle atteignit bientôt un tel degré de dé-
tachement que dans ses extases son âme soulevait
son corps et lui faisait quitter les pieds de terre de
plus d'une palme de haut; le pain même lui parut
un mets trop délicat, une fois par jour seulement,
tant elle avait peur de ne pas se punir assez dure-
ment de ses anciennes délices.

« Au temps du carême, il advint qu'un saint
moine qui, à cette époque, avait coutume de sortir
du couvent pour se mettre en retraite et faire pénitence au désert, aperçut de loin Marie en oraison.

Elle était si sèche, si hâlée du soleil, si consumée de
macérations, qu'elle avait plutôt l'air d'un cadavre
que d'une personne réelle. C'était un spectacle
horrible à voir que ses mains, ses bras et ses jambes
pareils à des racines d'arbres morts. Quelques
mèches de cheveux blancs flottaient sur sa nuque
brûlée et lui donnaient un aspect effrayant et mons-
trueux. Le saint moine eut peur d'elle et la prit
pour quelque fantastique vision, quelque ombre
infernale sortie du puits de l'abîme; il se signa et
prononça sur elle les paroles de l'exorcisme; mais
Marie, revenue de son extase, de son rapt, comme
s'exprime la légende espagnole, dit au moine qu'elle
n'était pas ce qu'il croyait, mais bien une grande
pécheresse, et honteuse d'être nue, car depuis longtemps ses vêtements étaient tombés en lambeaux,
sans qu'elle eût l'occasion de les renouveler; elle
voulut prendre la fuite, mais le moine lui dit:
« Que craignez-vous? Je suis prêtre, je suis vieux et
« sans force. » — « Alors, Zozime, si tu veux me par-
« ler, jette-moi ton manteau. » Le moine le lui donna
en détournant la tête, tout étonné de s'être entendu
appeler par son nom. La sainte ne fut pas plutôt
vêtue qu'elle vint se jeter aux genoux de Zozime,
lui raconta son histoire et lui demanda sa bénédiction, rendant grâce au ciel de cette heureuse rencontre, et le supplia de vouloir bien lui apporter le

sacrement, car depuis un grand nombre d'années
elle était privée de cette céleste nourriture. Le saint
lui accorda cette requête avec larmes, touché d'une
si grande ferveur. Tous deux s'agenouillèrent, Zozime ne voulant pas donner la bénédiction mais la
recevoir. Marie l'emporta dans ce pieux combat et
fut bénie la première; puis ayant rendu la bénédiction au moine, elle lui parla de cette sorte :
« Zozime, homme vénérable, n'oublie pas de venir
« l'année prochaine sur la rive du Jourdain; je t'y
« attendrai avec impatience; et dis à ton supérieur
« que Satan a semé la zizanie dans ton monastère et
« qu'il faut qu'il avise. »

« Elle se tut, et Zozime retourna au couvent où il
fit part à l'abbé des avertissements de la solitaire.
Le temps s'écoule; un zèle pieux, un saint désir
agite le moine d'aller au désert chercher cette
blanche colombe dans son nid. Enfin, l'année suivante, il part et la trouve de l'autre côté du Jourdain, priant et faisant des signes de croix. Il lui
donne le pain sacré qu'elle prend d'une main avide
et tremblante, et après le mystique repas, il lui offre
quelques menus régals qu'il avait apportés dans
une corbeille. Si frugale que fût la chère, Marie ne
voulut prendre que trois lentilles seulement, disant :
« Cela me suffit, Dieu m'a nourrie jusqu'à pré-
« sent. »

« L'année suivante, le saint moine revint ponctuel-
lement et trouva la solitaire morte dans son humble
grotte, étendue sur ses misérables haillons; il s'age-
nouilla auprès de ce corps et mouilla de pleurs sa
barbe et les cheveux de la sainte, chagrin de ne
pouvoir lui rendre les derniers devoirs, à cause de la
dureté du sol rendu plus dur que la pierre par l'intensité de la chaleur et aussi à cause de son grand
âge et de son peu de forces. Comme il se lamentait,
deux lions énormes entrèrent dans la caverne et,
d'un air intelligent et soumis, ils creusèrent, avec
leurs puissantes griffes, une fosse profonde où Zozime, aidé par un des fauves fossoyeurs, descendit
les reliques mortelles de la bienheureuse qui fut
bientôt recouverte de terre et de sable. Leur besogne achevée, les lions se couchèrent aux pieds du
saint, semblant attendre quelque chose. Zozime
les bénit et ils disparurent joyeusement dans le désert. Revenu au couvent, Zozime raconta cette histoire miraculeuse aux autres moines pour qui elle fut
un sujet d'édification, et après avoir atteint cent ans
dans la pratique de toutes les vertus, il s'endormit
au sein du Seigneur, sans souffrance et sans agonie. »

Telle est l'histoire, ou, si l'on veut, la légende de
sainte Marie l'Égyptienne. Certes, c'est là un type à
charmer le peintre et le poète.

Gœthe, dans la grande scène mystique de Faust,

a fait paraître sainte Marie l'Égyptienne au milieu des tourbillons d'anges et des âmes d'enfants, entre la grande pécheresse et la Samaritaine. Les quelques strophes qu'il met dans sa bouche montrent qu'il connaissait tous les détails de cette existence merveilleuse. En quelques touches la figure est complète et se grave ineffaçablement dans la mémoire.

Philippe de Champagne, lui aussi, avait été séduit par sainte Marie l'Égyptienne. Son interprétation est curieuse et a dû trahir la pensée du peintre sévère de Port-Royal. Il a représenté la sainte sur les bords du Jourdain, lorsque Zozime lui apporta la communion. Dans un paysage profond, doucement éclairé par la lune dont l'orbe lumineux glisse à travers les feuillages d'arbres magnifiques, Marie apparaît, les mains jointes, séparée du saint par la rivière qui a l'air d'un chemin bleuâtre. Le peintre en a fait une jolie petite femme blonde aux cheveux bouclés, revêtue d'une chemise courte qui laisse voir des mollets et des cuisses d'une forme admirable. Si elle n'était pas comme hypnotisée par l'hostie que lui montre Zozime de l'autre côté du Jourdain, on dirait une grisette folâtrant avant de se baigner, plutôt que la courtisane de la légende, vieillie et flétrie, objet d'horreur et d'édification.

Ribera n'a-t-il pas également peint une sainte Marie? Il nous semble avoir vu de lui, sous ce titre,

l'assomption d'une abominable mendiante, du reste
d'une convenance parfaite avec son tempérament.

Voyons ce qu'a dit Théophile Gautier de la décoration murale de la chapelle :

« M. Théodore Chassériau a très habilement dis-
posé sa composition : il a divisé le mur contre
lequel l'autel est appuyé, en trois compartiments.
Le plus vaste, celui du milieu, renferme la scène la
plus importante de la vie de la sainte, et en quelque
sorte son dernier pas vers la gloire céleste. A partir
de là elle appartient à Dieu. C'est le moment où,
repoussée de l'entrée du temple par une force mystérieuse, elle s'arrête pensive, inquiète, honteuse,
troublée et déjà presque repentante; autour d'elle
s'écoule en deux ruisseaux la foule bigarrée, africaine, asiatique, européenne, costumée dans un
goût demi-antique, demi-barbare.

« La jeune femme est debout, la tête inclinée, la
main appuyée à l'angle du piédestal d'une madone
byzantine; des bagues singulières, aigues-marines,
chrysoprases, chargent ses doigts effilés; de grands
anneaux tremblent ou sautillent à ses oreilles, une
longue tunique d'un rose pâle enveloppe son corps
avec des plis d'une grâce sévère que recommandait
l'endroit où la scène est peinte.

« Pourtant, M. Théodore Chassériau, sans sortir
des scrupuleuses convenances de l'art et de la reli-

gion, a su, par une certaine folie d'ornements et de bijoux, faire suffisamment comprendre que Marie d'Égypte, avant d'être une sainte, était un peu plus que mondaine.

« La tête est charmante, pleine de sentiment et de caractère, et traitée avec une finesse de pinceau bien rare aujourd'hui. Les mains sont également d'une parfaite beauté. M. Chassériau, dessinateur pur et sévère, excelle dans les extrémités.

« Au-dessus de ce tableau, dans une portion où la muraille s'effile en ogive, le jeune artiste a représenté Zozime approchant le blanc soleil de l'hostie des lèvres décolorées de la sainte faisant pénitence dans le désert. Il a su, sans manquer aux lois de la beauté, faire paraître sur le visage de Marie les traces de ses macérations. Toujours guidé par le goût de l'antiquité, dont il a fait une étude profonde, il a évité cet écueil de laideur où les peintres espagnols se seraient brisés à coup sûr. Le tableau inférieur nous montre Zozime donnant la sépulture à la sainte femme, avec l'aide du lion. Ainsi ces trois tableaux résument parfaitement la vie terrestre de Marie, sa conversion, sa pénitence, sa mort accompagnée de prodiges. Toutes ces peintures, encadrées d'arabesques d'un goût sobre et délicat, de beaux chérubins portant des banderoles historiées, sont d'un ton clair et doux, sans luisant, quoique exécutées à l'huile, et rappellent sans servilité l'aspect placide des fresques italiennes; les lignes architecturales ont besoin pour rester harmonieuses de n'être pas dérangées par des tons violents.

« Il faut aussi louer M. Chassériau de ne s'être laissé aller à aucune des afféteries byzantines ou gothiques mises à la mode par Overbech et les artistes archaïques de Munich et de Dusseldorff. Les peintures, quoiqu'elles ne rappellent en rien l'année 1843, sont exécutées avec les ressources, les sentiments et les passions modernes.

« Mais nous n'avons raconté qu'une partie du poème écrit par M. Chassériau sur les murailles obscures de Saint-Merri. Après la conversion, la pénitence et la mort, il faut l'apothéose ou l'assomption, pour parler en termes plus chrétiens. Le triomphe de la sainte occupe le mur opposé à celui que nous venons de décrire.

« De la fosse entr'ouverte près de laquelle veille encore un grand lion noyé dans sa crinière, s'élance comme un jet lumineux, une forme brillante, pure et jeune, de cette jeunesse qui ne doit pas finir, car Dieu donne l'éternelle beauté, pour première récompense, aux femmes qu'il fait entrer dans son paradis. Plus de rides, plus de hâles, plus de cicatrices de discipline; même lorsqu'elle s'est sauvée de Memphis, dans toute la fleur de sa jeunesse,

Marie n’avait pas cette finesse, cette sereine régularité de traits. Deux anges aux ailes d’épervier s’empressent autour d’elle, plutôt par galanterie que pour la soutenir dans la fluidité de cet air doré de rayons et d’auréoles.

« En bas, deux groupes de grands anges thuriféraires encensent la bienheureuse qui s’élève, avec de riches encensoirs à chaînes d’or, dont les fumées bleuâtres s’éparpillent en légers flocons. Cette scène, peinte avec un feu tranquille et une violence contenue, est peut-être supérieure encore au tableau de la conversion. La couleur, sans sortir de la gamme de tons clairs adoptée par le peintre, est d’une harmonie soutenue et d’une chaleur qui annonce un coloriste, qualité qu’on s’obstine à refuser aux artistes qui cherchent la ligne et le style.

« M. Chassériau a trouvé le moyen d’être neuf en faisant des anges, et certes c’est là un rare mérite, car les types angéliques si souvent retracés, semblent désormais aussi invraisemblablement fixés que les représentations hiératiques des temples égyptiens. Il en a fait de véritables éphèbes, de beaux jeunes gens pleins d’une force délicate et d’une élégance nerveuse comme il convient à des êtres chargés d’exécuter les volontés de Dieu.

Le cartouche inférieur représente Zozime racon-

tant à ses frères, dans l'intérieur du couvent, l'histoire de la sainte et les miracles dont il vient d'être
témoin. Ainsi, cette merveilleuse légende ne restera
pas enfouie dans les sables du désert; confiée au
papier, elle pourra faire sortir du désordre d'autres
Maries qui, peut-être, se croient trop coupables pour
revenir à Dieu. (Cette partie de la décoration a
complètement disparu.)

« Cet immense travail a été accompli en quelques
mois. A coup sûr le temps ne fait rien à l'affaire;
mais, en dépit des talents difficiles, n'oublions pas
que dans tous les arts la régularité est le signe du
génie, et M. Chassériau, dans un âge où les autres
débutent, a déjà donné des preuves d'un talent
souple, varié et toujours profondément original. Ses
qualités, comme ses défauts, sont à lui. Il sait ce
qu'il veut et marche droit à son but. De tous nos
jeunes peintres c'est assurément celui qui a le plus
d'avenir. Ses moindres productions sont empreintes
d'un cachet de force et de volonté. Il est déjà maître
de son exécution et domine la forme. Qu'on donne
à M. Chassériau des occasions de se déployer et
nous ne doutons pas qu'il ne soit bientôt au premier rang dans l'école contemporaine. »

Qui le croirait? De même que les esquisses pré-
sentées par Delacroix pour la décoration de Saint-
Sulpice furent rejetées par la Fabrique de l'église, qui

obligea le peintre à faire un nouveau travail, ainsi
la Commission qui statuait au sujet des fresques de
Saint-Merri engagea Chassériau à modifier son
projet sous prétexte qu'il manquait d'unité et d'harmonie. Mais le jeune artiste, ayant opposé un refus
formel et hautain aux exigences de la Commission,
plus heureux que Delacroix, obtint finalement l'auto-
risation d'exécuter son travail tel qu'il l'avait conçu.

L'année où il exécuta les décorations de Saint-
Merri, l'artiste exposa un seul tableau. Les portraits
de Mlles Chassériau, de grandeur nature, réunis sur
une même toile. L'œuvre, qui devint aussitôt célèbre sous le nom des *Deux sœurs,* étonna, mais ne
fut pas comprise.

L'aînée se présente de trois quarts, l'autre de face
complètement. — Toutes deux, tête nue, coiffées
en bandeaux plats, habillées avec une simplicité
sévère — et dans laquelle pourtant se manifestent
une certaine recherche de l'effet, le goût des couleurs voyantes et des bijoux. Dans les vêtements
étriqués qui les couvrent, les corps paraissent frêles,
raides et sans grâce, pour ainsi dire nuls. Les visages
solidement construits, sans beauté, sont graves. Les
yeux de l'aînée, larges et magnifiques, brillent d'un
éclat fiévreux, étrange. Elle essaie de sourire, mais
son sourire timide et souffrant cause une sensation
de peine. La seconde a l'air d'accomplir un acte

important de sa vie en posant devant un peintre
célèbre, à côté de sa grande sœur à laquelle elle
donne le bras. C'est d'une ordonnance simple et
savante, d'un sentiment profond, recueilli et douloureux. Ces filles sentent qu'elles sont destinées
au célibat à perpétuité par la disgrâce de la nature
et de la fortune, qu'une vie sans joies terrestres les
attend, une vie d'effacement, de retraite, de sacrifices
avec la mort au bout, la mort obscure des êtres
inutiles, à charge à eux-mêmes et aux autres. Il y a
dans ces existences incolores et résignées de vierges
qui ne connaîtront jamais l'amour, qui aperçoivent
le monde comme le prisonnier aperçoit le ciel bleu,
par un jour de souffrance, une poésie pâle, froide et
mystique, d'une extrême mélancolie. Il semble
qu'on appuie le front contre le marbre d'un tombeau, tandis que le vent fait crier autour de vous les
arbres funéraires. La vieille fille! Dans ces deux
mots que de larmes secrètes! de révoltes, de désespoirs étouffés! quelle misère! quelle lassitude! quelle
pitié! Même les nonnes au fond des cloîtres, mortes
vivantes, ne soulèvent pas dans l'âme cette émotion
désolée, car elles, du moins, ont choisi leur sort et
sont heureuses à leur façon en priant Dieu et attendant l'éternité!

Le travail du peintre est serré, précis, fort, ex-
pressif. On dirait d'un artiste de la race des Van

Eyck, des Holbein et des Clouet qui se serait perpétuée jusqu'au XIXe siècle. On comprend que ce faire archaïque, ce mépris de l'effet, ces modèles ingrats, cette réalité sèche et dure n'aient pas été goûtés par ce public qu'attiraient alors la *Bataille d'Isly* de Vernet, le *Saint Augustin* d'Ary Scheffer, les *Adieux de Roméo* de Delacroix, le *Strafford* de Paul Delaroche. La préparation de l'esprit à la visite d'un art neuf et inattendu s'opère lentement. Il faut aux artistes novateurs un courage de soldat et une foi de martyr pour dompter l'opinion violentée et irritée. — Les *Deux sœurs* arrivaient trop tôt.

Treize ans plus tard, le jour des funérailles de Chassériau, Delacroix, ayant avisé la toile suspendue dans l'atelier du mort, demeura longtemps pensif devant elle et dit en se tournant vers un des assistants* :

« La mort de ce pauvre Chassériau est un malheur pour l'art et particulièrement pour notre école. Il avait été gâté au début par des succès trop faciles et son talent était resté assez longtemps stationnaire ; mais vers le milieu de sa vie, il était entré dans une voie où chacune de ses œuvres marquait un progrès. J'ai la conviction qu'il meurt sans avoir laissé une œuvre à sa mesure. »

---

* M. Ceillier.

Cet hommage tardif fut remarqué, mais l'artiste n'était plus là pour le recevoir.

Le même jour, M. Paul Mantz qui, lui aussi, avait été frappé par le tableau, écrivait dans *L'Artiste* :

« Son chef-d'œuvre en ce genre (le portrait) est cette toile sévère où, d'un pinceau si grave et si fier, il a peint ses deux sœurs. Nous nous rappelions avoir vu ce double portrait à l'Exposition de 1843, où il nous inquiéta étrangement, et l'autre jour, sous une impression bien différente, nous l'avons retrouvé dans ce Salon de la rue Fléchier, où se pressait un groupe d'amis en deuil. Rien de plus ferme, rien de plus sérieux dans l'œuvre du jeune maître. N'y cherchez point la couleur, Chassériau n'y pensait pas encore : deux têtes d'une carnation systématiquement bistrée, deux corps frêles et enveloppés d'un cachemire rouge, se détachant sur un de ces fonds verts comme les aimaient les Clouet, accusant un parti pris plus violent qu'harmonieux; mais malgré la sécheresse de la silhouette, malgré le parallélisme des lignes trop raides, il y a dans l'ensemble de l'œuvre une simplicité d'un grand goût, une assurance presque magistrale, et dans les têtes des jeunes filles une science de modelé qui, je n'hésite pas à le déclarer, ne se rencontre pas toujours dans les portraits du maître dont Chassériau subissait alors l'influence. »

Cette page est unique dans l'œuvre de Chassériau. Soit qu'elle fût née d'une inspiration de hasard, soit qu'il n'en ait pas compris lui-même la nouveauté hardie, il retourna, pour ne plus les quitter, aux belles formes, aux lignes harmonieuses et pures, aux personnages poétiques et merveilleux qui enchantaient son imagination.

Chose curieuse! la tête de la sœur aînée se rencontre plusieurs fois dans ses compositions. Les plans du visage sont adoucis, les creux ont disparu par une idéalisation artiste; mais les yeux, les yeux extraordinaires avec leur profond regard consumant, qui éveillent à la pensée je ne sais quelle vision de fleurs tropicales brillantes et maladives, se retrouvent toujours tout entiers. — Ce n'est pas là le moindre charme des femmes adorables sorties de son pinceau.

V

L est à remarquer que presque tous les élèves d'Ingres firent de la peinture religieuse avec succès. Chassériau y excella. Certes, il ne posséda pas la sincérité naïve du grave et pieux Flandrin s'entretenant, dit-on, dans son rêve mystique par des communions fréquentes. Son esprit était païen. Ses visions lui représentaient un monde trop matériellement beau pour être un monde chrétien. Les christs, les vierges, les saints, les saintes nés de son pinceau revêtaient des formes que l'ascétisme catholique, la misère d'ici-bas, la terreur de l'enfer et l'élan de l'âme vers un Dieu de sacrifice n'avaient point émaciées. Il avait trop bu dans le fleuve immense de poésie qui coule de l'antiquité païenne pour n'en pas rester un peu ivre toute sa vie. En cela consiste son originalité. En interprétant les sujets religieux avec la magnificence de son rêve il accomplit des œuvres qui tranchent sur la banalité et la fadeur de cet art exténué.

De même que Delacroix fut hanté par la vision de Jésus dormant dans la tempête, tandis que ses disciples s'affolent autour de lui, la Passion du Christ, sa veillée douloureuse au Mont des Oliviers, agitaient l'âme de Chassériau. Il traita de nouveau ce sujet, mais avec une interprétation tout à fait différente. Le tableau fit sensation au Salon de 1844, et souleva des discussions passionnées.

Théophile Gautier et M. Arsène Houssaye prirent la défense de l'artiste hardi qui présentait un Christ inconnu, moderne, dans un paysage d'une réalité saisissante. Lorsqu'on a vu ce sentier poudreux sculpté dans la montagne, bordé d'oliviers centenaires et difformes, il est impossible de se figurer autrement ce lieu désolé. M. Arsène Houssaye a exprimé cette sensation avec une justesse spirituelle* : « M. de Lamartine, dit-il, qui a été en Orient, M. Hugo qui connaît l'Orient sans y être jamais allé, ont reconnu tout de suite, devant l'œuvre de M. Chassériau, le Mont des Oliviers. »

---

* *L'Artiste.* Salon de 1844.

Voici comment Théophile Gautier a jugé
l'œuvre * :

« Le tableau le plus important du Salon, pourquoi ne pas le dire tout de suite, est le Christ des-
cendant la Montagne des Oliviers, par M. Théodore
Chassériau. C'est celui dont les artistes se sont tout
d'abord préoccupés. Les uns l'ont trouvé admirable, les autres fort mauvais; aucun n'est resté in-
différent. Ils savent bien que c'est dans ce tableau
et non ailleurs que la question se débat. Le Salon
renferme des toiles qui offrent moins de prise à la
critique, et qui n'inquiètent personne. A coup sûr,
si quelqu'un de cette génération doit devenir un
grand peintre, ce sera ce jeune homme...

« ... Il fait nuit; la veille d'agonie est terminée;
le Christ, après ces terribles épreuves, ces sueurs de
défaillance, ces angoisses pendant lesquelles des
doutes lui sont venus sur sa divinité, redescend, la
coupe vidée, le penchant de l'âpre colline, d'un pas
brisé, les bras morts, la tête flottante sur la poitrine,
dans un état de prostration complète; les oliviers
centenaires tordent leurs troncs difformes et tendent
vers le ciel comme des bras suppliants leurs moignons mutilés; leurs racines s'enfoncent hideuse-
ment, comme des reptiles en fuite, dans les inter-

* *La Presse*. Salon de 1844.

6

stices des rochers, et la lune tamise sa lueur livide
à travers les feuillages glauques et déchiquetés. Le
chemin, d'une blancheur poussiéreuse, rayé par les
ornières des chars, rampe tristement au flanc du
monticule. Sur le revers de la route sont étendus les
trois apôtres, Pierre, Jacques et Jean, buvant à
pleines gorgées dans la noire coupe du sommeil;
et pourtant le Maître leur avait dit : « Mon âme
« est triste jusqu'à la mort; attendez-moi ici, et
« veillez »...

« Le Christ, debout derrière ce groupe de dormeurs, les considère mélancoliquement d'un air
affligé, mais non surpris. Il s'attendait à cela... Les
trois dormeurs sont très beaux, surtout le saint
Jean. Leurs poses, quoique naturelles, se font remarquer par une noblesse qui n'exclut pas l'abandon;
les draperies s'agencent parfaitement, quoique ser-
rant le nu d'un peu trop près. La tête du Christ est
magnifique d'expression et d'exécution. Dans un
coin du tableau une lueur de torches fait deviner
les satellites qui s'avancent conduits par Judas.

« Certes le tableau représente très nettement
la scène indiquée par l'évangéliste saint Matthieu.
Ce sont bien là Jésus de Nazareth, Pierre, Jacques
et Jean; les ajustements, les costumes sont empreints
du goût antique, mais une douleur moderne pal-
pite sous la tunique traditionnelle du Christ; ce sont

les larmes de notre temps qui coulent par ces yeux, notre mélancolie s'épanche dans ces cheveux en pleurs; cette figure intelligente et fatiguée n'a aucun rapport avec les images byzantines, aux regards impassibles, ni avec les longues effigies gothiques. C'est la souffrance inquiète de notre âge qui a mutilé ces joues et bleui ces orbites; ces mains fluettes ont la pâle maigreur des mains de poète et les clous du bourreau n'y rencontreront que des veines et des nerfs.

« ... Dans cette toile désespérée respire quelque chose du sentiment que M. de Lamartine a mis dans ses *novissima verba;* — on devine dans le regard morne et pensif du Christ, que si le sacrifice était encore à faire, il ne le recommencerait pas. »

Ce tableau est aujourd'hui la propriété d'une des églises les plus anciennes et les plus curieuses de France, de l'église de Souillac, village du département du Lot. Le donateur généreux qui lui envoya ce Christ, au lieu de quelque saint en plâtre doré, accomplit un acte intelligent. On ne se doute guère là-bas du mérite de l'œuvre, mais si le nom du peintre brillait à nouveau, occupant sa juste place, non loin d'Ingres et de Delacroix, quelle gloire pour la modeste commune!

Un jour, traversant Autun avec ma famille, mon père nous fit arrêter pour voir le *Saint Symphorien,* alors caché au fond d'une sacristie. Je me souviens encore du recueillement avec lequel nous considérions le rideau qui cachait l'énorme toile, et de notre émotion lorsqu'il fut tiré. De même les voyageurs s'arrêteraient à Souillac qui deviendrait une étape de l'art. N'est-ce pas une des surprises les plus douces au monde que de rencontrer loin des villes, dans la paix des campagnes, une œuvre d'art isolée? De quelle admiration, de quel amour ne l'entourons-nous pas! Nous l'interrogeons avec une curiosité insatiable, et si elle renferme un peu de mystère, comme nous lui en sommes reconnaissants!

Au fond d'une pauvre église, un tableau bien noir, un saint de bois vermoulu, un débris de gargouille heurté dans l'herbe d'un cimetière abandonné, mais dans lequel rayonne encore l'ardente foi de l'artiste, nous plongent dans des ravissements que les trésors catalogués et administrés d'une salle de musée ne sauraient nous procurer. — Et l'on songe aux innombrables richesses enfouies, faute de place, dans les greniers de l'État et des édifices municipaux. Si au lieu d'être ainsi centralisées avec avidité elles se trouvaient disséminées dans le pays, — la plus humble bourgade possédant son joyau, quelles promenades délicieuses, et quelles aventures charmantes à travers la France transformée en un immense jardin rempli des fleurs de l'art!

A ceux qui visiteront Souillac je signalerai la
tête de l'apôtre saint Jean, dont la beauté féminine
éclaire comme un rayon de lune la vieille église
romane. Elle est divine cette tête, et pourtant,
dit la légende parisienne, le peintre l'a empruntée
à une des belles mortelles qu'il avait aimées
pour la transporter sur les épaules du disciple bien
aimé.

En même temps qu'il travaillait à son Christ aux
Oliviers, Chassériau, comme pour se reposer d'un
sujet aussi douloureux, peignait sur une petite toile
dans un coin de son atelier une des scènes les plus
poétiques que nous ait laissées l'antiquité divine,
— Apollon amoureux atteignant Daphné fugitive.
Ce tableau figura à une exposition ouverte au foyer
de l'Odéon au mois de novembre 1845, et dont
Théophile Gautier rendit compte. « La galerie*,
dit-il, qui se composera de tableaux fréquemment
renouvelés, compte dès aujourd'hui beaucoup de
noms célèbres et d'œuvres remarquables. Eugène
Delacroix, Théodore Chassériau, C. Roqueplan,
Louis Boulanger, Charlet, Granet, Diaz, Corot,
Th. Rousseau, Appert, Isabey, tels sont les noms
qui viennent au bout de ma plume... L'Apollon et
Daphné de M. Th. Chassériau se distingue par la

---

* *L'Art dramatique en France.* Michel Lévy frères.

grâce étrange, le goût greco-indien qui font du jeune peintre un artiste à part. »

Ce sujet a été souvent exploité par l'art. Qui ne connaît le groupe célèbre du Bernin de la galerie Borghèse, les statues de Coustou se livrant à la course dans le jardin des Tuileries? Carle Maratte en a fait un grand tableau rempli de personnages fabuleux, et l'Albane un tout petit où l'on voit la nymphe fuyant à toutes jambes devant le Dieu, tandis que l'amour vole en souriant dans les nuages; mais ce ne sont là que de gracieuses illustrations d'une histoire galante, exécutées dans le sentiment mythologique des vers d'Ovide. — Avec Chassériau, nous rencontrons une interprétation neuve, nous trouvons une pensée qui ne pouvait naître que dans l'âme d'un moderne. Il a donné à ce mythe charmant la signification qui lui convient dans notre temps inquiet et rêveur.

Dans son tableau, le dieu, jeune et charmant, est représenté à genoux, la tête nimbée de rayons, sa lyre sur ses épaules. Il presse entre ses bras dans un élan d'amour la taille adorable de la nymphe qui lui échappe par la métamorphose. Ses pieds et ses jambes n'appartiennent déjà plus à l'humanité. Sa figure a cessé d'exprimer l'effroi pour revêtir le calme de l'immobilité éternelle. Ses bras magnifiques élevés comme pour une dernière révolte prennent l'atti-

tude qu'ils garderont toujours. La belle vierge farouche entre dans la nature pour rester immaculée!
— Dans cette page où la fraîcheur de l'idylle se
mêle à la tristesse de l'élégie on sent que le peintre
est allé au delà de la poésie antique. Apollon et
Daphné s'effacent, et l'allégorie se dessine dans la
pensée avec une grâce tremblante comme à travers
un brouillard. Il nous semble voir l'artiste à la poursuite de l'idéal qui fait la joie et le tourment de sa
vie, toujours fuyant, toujours insaisissable, toujours
désolant. Et l'on rêve longtemps, le cœur plongé
dans un plaisir très doux et très mélancolique.

Chassériau a fait de son tableau une lithographie
qui a paru dans *L'Artiste* en 1844.

VI

A cette époque Chassériau obtint la décoration murale de l'escalier de la Cour des Comptes au Palais du quai d'Orsay. Malgré ce travail gigantesque qu'il mettra quatre ans à accomplir, nous le retrouverons à chaque Salon avec des toiles de mérite divers, originales toujours.

Mais avant de poursuivre l'examen de son œuvre peinte, il faut signaler sa tentative dans une expression d'art nouvelle pour lui, et où il ne fut pas inférieur. Il grava quinze esquisses d'après l'*Othello* de Shakespeare. Ces eaux-fortes n'obtinrent aucun succès. La critique aussitôt lui reprocha d'imiter Delacroix, auquel elle avait de même reproché quelque temps auparavant d'abaisser l'art en cherchant ses

sujets dans les créations des littérateurs. Il lui
paraissait qu'en interprétant les scènes de *Faust*
ou de *Macbeth* le peintre descendît au rôle de tra-
ducteur et avouât la défaite de son imagination.

Certes l'artiste trouve dans l'œuvre des grands
écrivains, tout préparés, en relief et vivants, de
merveilleux sujet, qui semblent le dispenser de
l'effort créateur, douloureux et épuisant, sous lequel
parfois tremblent les plus robustes. Ce serait donc
en effet de l'art inférieur et servile, si immédiatement ne naissait une lutte redoutable, ardente, entre
deux génies opérant chacun avec ses moyens spé-
cialisés, entre l'œuvre écrite et l'œuvre peinte. Alors
d'une création littéraire peut surgir une création
pittoresque, qui transforme la première dans l'esprit des hommes et la démarque.

Nul doute que la Barque de don Juan ne dégage
du récit de Byron, grâce à la vision particulière
de Delacroix, une poésie inconnue, dramatique et
sombre, qui sans lui serait restée morte pour nous.
Et toutes les fois que nous pensons à la descente de
Virgile aux enfers, la Barque de Dante ne s'impose-
t-elle pas irrésistiblement à notre esprit vaincu, page
admirable qui accroît la gloire de Dante en le dé-
possédant?

On lit dans les conversations de Gœthe et
d'Eckermann un passage qu'il convient de citer à

ce sujet* : « M. Delacroix est un grand talent qui a dans *Faust* précisément trouvé son vrai aliment. Les Français lui reprochent trop de rudesse sauvage, mais ici elle est parfaitement à sa place... — De tels dessins, répond Eckermann, contribuent à une intelligence plus complète du poème. — C'est certain, dit Gœthe, car l'imagination plus parfaite d'un tel artiste nous force à nous représenter les situations comme il se les est représentées à lui-même. Et s'il me faut avouer que M. Delacroix a surpassé les tableaux que je m'étais faits des scènes écrites par moi-même, à plus forte raison les lecteurs trouveront-ils ces compositions pleines de vie, et allant bien au delà des images qu'ils se sont créées. »

Cette invasion dans le domaine de la littérature n'a donc pas diminué le génie qui a tenté le combat.

Bien que ces deux branches de l'art soient pour nos misérables natures à jamais séparées, elles cherchent à s'unir par des chemins souterrains, elles se mêlent dans la pensée de l'artiste et s'entr'aident secrètement pour faciliter son travail mystérieux. Comme deux muses ayant puisé à la même source divine en des vases de forme différente elles viennent désaltérer le poète, lui verser tour à tour le

---

* *Conversations de Gœthe*. Traduction Délerot (Charpentier et Fasquelle).

breuvage qui procure le délire sacré sans lequel l'œuvre d'art en fusion jaillit informe, avortée, pareille à un enfant mal venu.

De même que le peintre puise et rajeunit sa veine dans les poèmes écrits, ainsi l'homme de lettres surmené, harassé, errant aux heures stériles dans les galeries du Louvre, reçoit par les yeux jusqu'à son âme découragée un flot d'art qui alimente tout à coup les sources taries de son imagination et lui rend la force et l'espérance. Ce monde figé qui couvre les murailles s'anime, s'agite, se passionne, se dramatise. Les personnages historiques surgissent devant lui comme s'ils sortaient des siècles; l'humanité s'offre à lui vivante et toute chaude avec ses vices et ses vertus, ses grandeurs et ses petitesses, ses désespoirs et ses bonheurs dans une variété inépuisable de scènes émouvantes et charmantes; il perçoit les mille bruits de la vie et de la nature à travers l'imagination des grands peintres; il jouit, souffre, rit ou pleure par eux, et entasse dans son cœur vide les trésors infinis qu'ils lui prodiguent en frères généreux.

Et du reste, que fait donc l'écrivain si ce n'est de peindre avec des mots combinés les tableaux qui se présentent à son esprit? Ne voit-il pas avant d'écrire les paysages, les demeures, les personnages de son livre dans tous leurs détails comme s'ils étaient accrochés devant ses yeux? Il compterait les brins d'herbe, les feuilles des arbres, les lézardes des maisons, les fentes du parquet, les rides des vieillards, les plis des robes et les poussières qui tournoient dans un rayon de soleil. Même c'est là son tourment éternel, de ne pouvoir rendre à l'aide de vocables glacés et incolores, dans leur intensité, la chaleur de son émotion et la couleur de sa vision. Il cherche, le malheureux, les mots qui vibrent et illuminent, qui expriment le clair obscur et les reflets de la lumière, qui traduisent l'azur du ciel, la verdeur des prés, le teint délicieux des jeunes filles, les mots jaunes, noirs, bleus, verts ou roses, et il souffre la mort de son impuissance. En plaquant ses mots dans la phrase comme des morceaux de couleur pris sur une palette il risque de tuer l'idée, c'est-à-dire l'émotion même qu'il ressent et qu'il veut imposer. Ce sont donc les moyens d'expression qui séparent les deux arts, et cela seulement; mais quel mur d'airain! à lutter, l'écrivain se casserait la tête ou deviendrait fou.

L'artiste a fouillé la plaque avec une verve extraordinaire. On sent dans ces hachures pressées l'emportement brutal d'un mâle aux prises avec un art nouveau qu'il veut dompter, asservir à sa pensée hautaine. C'est une bataille qu'il veut gagner coûte que coûte — il faut qu'il obtienne son effet — et

il gagne la bataille, et l'effet jaillit toujours sous la
pointe obstinée. — Parmi ces eaux-fortes, dont
chacune forme un tableau, il en est de particulièrement belles. Desdémona disant à Emilia : « Si je
meurs avant toi, ensevelis-moi, je t'en prie, dans un
de ces draps, » Desdémona chantant la romance du
Saule a inspiré à l'artiste deux pages d'une poésie si
large, si pure, si sombre et si touchante qu'il devient
impossible, après les avoir vues, de rêver la noble
fille de Skakespeare sous une autre forme, avec un
autre visage, dans d'autres attitudes. L'artiste est-il
parvenu au poète ? A-t-il saisi parfois l'imprenable
génie ? Nous n'en savons rien, mais ce que nous
voyons c'est qu'il a fait à l'œuvre anglaise une illus-
tration magnifique qui vit par elle-même d'une immortelle vie.

Il existe une seizième planche devant ouvrir la
série et lui servir de frontispice. Un ange y est représenté les ailes soulevées, tenant d'une main le
masque tragique, tandis que l'autre saisit une large
banderole destinée sans doute à recevoir le titre du
poème. Elle n'a jamais été reproduite ou du moins
ne figure pas dans le tirage livré au public. Peut-être
Chassériau se réservait-il de retoucher son travail ?
— Et pourtant la créature divine est bien digne
d'annoncer au monde les amours terribles d'Othello.
Elle me rappellait son frère sublime qui ouvre le

prologue de Romola, — « l'ange aux vastes ailes qui récolte lentement les étoiles de l'aurore, du Levant jusqu'aux colonnes d'Hercule, et du sommet du Caucase, par-dessus les cimes neigeuses des Alpes, jusqu'aux sombres îles de l'Occident... »

Il est curieux de rapprocher des planches de Chassériau les compositions lithographiées inspirées à Delacroix par *Hamlet*. Malgré la différence des procédés, la douceur fade de la lithographie vis-à-vis de l'âpre vigueur de l'eau-forte, nous pouvons regarder l'imagination des deux artistes aux prises avec Shakespeare. Tout Delacroix est là, dans ces treize dessins, — une émotion, une impétuosité de génie, une vision surnaturelle, fantastique, un charme délicieux, puis tout à coup des incorrections stupéfiantes, des enfantillages ridicules, des contresens énormes qui donnent la sensation de tomber dans un trou. C'est que Delacroix, outre qu'il manque parfois de goût, n'a jamais su ou voulu dessiner. Il ignore ou plutôt maltraite le corps humain comme s'il l'ignorait. Il faut qu'il enlève l'âme, qu'il emporte l'admiration d'un coup, que son génie orageux frappe comme le tonnerre. S'il laisse à l'esprit le temps de s'évader, si l'œil saisit le détail, l'incorrection choquante, alors la chute est douloureuse, car elle est profonde.

Avec Chassériau, quel contraste! Tout est noble,

tout est pur, tout est harmonieux. Même lorsque sa
main peint sous l'agitation de la pensée, elle sait se
contraindre, se corriger, et par un effort victorieux
fixe les mouvements les plus excessifs dans une mesure juste, une précision rigoureuse qui ravissent
l'œil en même temps que l'âme reçoit l'impression
poursuivie par l'artiste. Ainsi dans l'effroyable scène
du meurtre, lorsque Desdémona meurt étouffée par
l'oreiller « qui a eu le premier baiser et qui aura le
dernier souffle », l'élan furieux du More est traduit
dans sa violence avec une science du corps humain,
une vérité si parfaites qu'à l'horreur de la tragédie
se mêle je ne sais quelle sensation de beauté qui se
répand dans le cœur comme une harmonie. L'ancien élève d'Ingres, soumis à la forte discipline du
maître, se reconnaît dans cet art consciencieux,
appliqué et savant dans ce souci inexorable de la
forme. Mais que devait penser de l'élève illustrant
Shakespeare le maître qui avait refusé au poète une
place dans le cortège d'Homère déifié?

VII

L jury du Salon de 1845 refusa l'Éducation de la Vierge et une Madeleine de Delacroix, une Nativité de Riesener, deux paysages de Paul Huet et une Cléopâtre de Chassériau. Celui-ci s'indigna violemment et dans un accès de fureur il détruisit son tableau. « Nous l'avons vu, dit Théophile Gautier*. C'est la composition la plus simple, la plus grande, la plus antique qu'on puisse rêver. On se croirait devant une fresque détachée des murs de Pompéi. La reine est retirée dans la chambre aux trésors, couchée sur un petit lit en compagnie de deux suivantes qui regardent, avec un effroi mêlé de douleur, l'aspic noir et visqueux

* *La Presse*, Salon de 1845.

THÉODORE CHASSÉRIAU

qui va verser le poison dans le beau corps de marbre vivace que les fatigues de la royauté et du plaisir n'ont pas rayé d'une seule ride... Cette exclusion n'empêchera pas M. Théodore Chassériau d'être l'espoir de la jeune école et le peintre qui, dans un avenir prochain, occupera la première place. »

De la Cléopâtre il existe deux eaux-fortes exécutées par Chassériau, avant la destruction de son tableau. Nous n'avons pu savoir ce que sont devenus ces exemplaires uniques.

Cependant le jury avait admis une toile du peintre, le portrait équestre d'Ali-Hamed, khalifat de Constantine, suivi de son escorte. « *Le Calife de Constantine*, écrivit Thoré, est une composition pleine de grandeur et de majesté. Elle révèle trop cependant l'imitation de Delacroix... » — Ainsi le reproche adressé à Chassériau à l'occasion des illustrations d'Othello reparaissait à propos de ce tableau. Il reparaîtra désormais toutes les fois que l'artiste cherchera à enfermer de la lumière dans les lignes pures de son dessin. La critique doctrinale et savante ne souffrait pas qu'il s'évadât des formules qu'elle avait établies, et elle réussit souvent à accréditer dans le public que l'ancien élève d'Ingres, incertain et troublé, se perdait à la poursuite d'un idéal irréalisable, mêlant les traditions de son maître aux procédés de Delacroix.

La querelle de la ligne et de la couleur comme celle des anciens et des modernes ne se terminera jamais tant qu'il y aura sur la terre des hommes pour aimer le beau. — La ligne d'Ingres est chaste. Elle éveille une joie tempérée, égale, discrète et délicate, immatérielle comme une déclaration d'amour d'âme à âme, un attouchement d'ailes invisibles d'anges dans une nuit étoilée. Mais cette émotion, pourtant d'un charme exquis, ne remplit pas le cœur. Il y a dans cet art si élevé et si pur quelque chose de factice, d'apprêté et de géométrique qui cause une sensation de glace et paralyse l'élan. Ce je ne sais quoi de divin qui, par une poussée suprême, précipite notre être ravi dans l'infinie félicité, ne se rencontre dans cette œuvre colossale que par morceaux, comme des éclats de beauté. Au contraire, Delacroix, avec sa couleur extravagante, ébranle les nerfs, brûle le sang et le soulève à la façon d'une passion violente. C'est de la volupté brutale qui fait crier, de la jouissance en profondeur. Son génie serait donc moins noble, moins suave, moins sain surtout, mais plus puissant. Il n'a pas d'ancêtres, ce qui en art est une supériorité. On l'a comparé à Victor Hugo, mais il ne possédait pas dans son art l'immense clavier imperturbablement sonore et pur du grand poète. Ses frères littéraires s'appelleraient plutôt Saint-Simon et Michelet, tandis que les tableaux d'Ingres causent l'impression d'une page de Racine.

Au fond il n'y a qu'une manière d'être artiste, — c'est de sentir fortement. Les deux adversaires, s'ils suivaient des routes opposées, étaient également sincères et passionnés pour le beau. On connaît les ardeurs de Delacroix tremblant de fièvre devant sa toile qu'il chargeait de couleur, mais croit-on que dans son œuvre froide le peintre de *La Source* n'ait pas ressenti une émotion égale? Les notes et les pensées qui ont été recueillies par ses élèves ne sortent pas d'une âme moins enflammée* :

« N'étudiez le beau qu'à genoux.

« Ce que l'on sait, il faut le savoir l'épée à la main. Ce n'est qu'en combattant qu'on acquiert quelque chose; et dans l'art, le combat c'est la peine qu'on se donne.

« On n'arrivera dans l'art à un résultat honorable qu'en pleurant. Qui ne souffre pas, ne croit pas.

« L'art vit de hautes pensées et de nobles passions. Du caractère, de la chaleur! On ne meurt pas de chaud, mais on meurt de froid. »

Ces maximes ne méritent-elles pas d'être gravées en or dans toutes les écoles d'art? Elles sont universelles comme Dieu.

* *Ingres, sa vie, ses travaux, sa doctrine,* par le vicomte Henri Delaborde.

Ingres ne faisait pas usage de la couleur, mais il ne la détestait pas. Il a dit ce mot charmant : « La couleur est la dame d'atour de la peinture. » — Seulement il exigeait qu'elle fût juste. Il admirait Titien. Il était donc plus complet que Delacroix qui ne distinguait même pas le contour des objets, n'observant que des taches dans la nature. A-t-on lu sa jolie lettre à M. Peisse qui, après l'avoir long-temps critiqué, venait tout à coup de lui consacrer un article élogieux à propos des *Femmes d'Alger* ?

« Ce fameux beau, écrivait-il, que les uns voient dans la ligne serpentine, les autres dans la ligne droite, ils se sont tous obstinés à ne le voir que dans les lignes. Je suis à ma fenêtre, et je vois un plus beau paysage; l'idée d'une ligne ne me vient pas à l'esprit : l'alouette chante, la rivière réfléchit mille diamants, le feuillage murmure; où sont les lignes qui produisent ces charmantes sensations*?...»

En matière d'art les théories n'ont jamais rien prouvé. Elles sont toutes bonnes et toutes fausses. Il n'y a que nos jouissances qui soient vraies. Faites-moi jouir et je dirai que vous avez raison. Pourquoi un peintre, maître de la ligne, comme Théodore Chassériau, ayant reçu le don de percevoir les couleurs et de s'en imprégner, n'aurait-il pu créer une

---

* *Lettres de Eugène Delacroix*, publiées par Philippe Burty (G. Char-pentier).

sensation inéprouvée, par la combinaison artiste de ces deux éléments en apparence contraires? Qui a donc imposé des barrières à l'art et au génie? Leur baiser est parfois sublime et produit de ces illuminations qui éclairent tout à coup l'horizon comme un lever de soleil. La nature nous aura été révélée en ce siècle. Les paysagistes dominent l'art. Le grand peintre d'histoire, le peintre universel, n'est pas venu. A coup sûr c'eût été Géricault, peut-être l'auteur du *Tepidarium*.

Est-il donc défendu au même homme, par un empêchement souverain de la nature, d'être à la fois coloriste et dessinateur? — C'est parfois amusant de lire les articles des critiques sur cette question qui a encombré toute une époque. Dans leur impuissance à la résoudre ils ont rôdé autour d'elle, la traitant par des explications rusées, souvent jolies, vaines toujours, parce qu'ils considéraient toujours l'art comme une science humaine qui se démontre et s'apprend.

L'article de M. Peisse, qui désirait satisfaire Delacroix sans toutefois renier sa doctrine, est ingénieux et charmant. Voici comment il conclut*: « Il y a coloristes et coloristes; et si chez quelques-uns l'art se réduit à un mécanisme plus ou moins habile et à

* *Constitutionnel*, n° du 8 juillet 1849.

des effets matériels plus ou moins séduisants, chez d'autres la couleur n'est qu'une sorte de parure magnifique dont ils revêtissent toutes choses, et qui, loin d'absorber les formes et les lignes, les fait resplendir et valoir. La couleur en effet ne flotte pas en l'air; elle a toujours un support dans des formes définies, comme les sons ont besoin, pour prendre un corps et devenir de la musique, d'un thème, d'un texte, d'un programme plus ou moins déterminés. La prédominance des éléments du coloris s'allie donc très bien, chez les maîtres, à certaines qualités de style et de caractère, à la force, à l'élégance, à la noblesse, à la majesté, surtout à l'esprit et à la grâce et, plus qu'à tout le reste, à l'expression de la vie et du mouvement. »

Le croirait-on? c'est Baudelaire qui a traité le sujet avec le plus de force et de clarté et en casuiste consommé. Il s'exprime ainsi* : « Peut-on être à la fois coloriste et dessinateur? Oui et non, car il y a différentes sortes de dessins. La qualité d'un pur dessinateur consiste surtout dans la finesse, et cette finesse exclut la touche : or il y a des touches heureuses, et le coloriste chargé d'exprimer la nature par la couleur perdrait souvent plus à supprimer des touches heureuses, qu'à rechercher une plus grande

* *Curiosités esthétiques,* Salon de 1846.

austérité de dessin. — La couleur n'exclut certainement pas le grand dessin, celui de Véronèse, par exemple, qui procède surtout par l'ensemble et les masses; mais bien le dessin du détail, le contour du petit morceau, où la touche mangera toujours la ligne. — L'amour de l'air, le choix des sujets à mouvement, veulent l'usage des lignes flottantes et noyées. — Les dessinateurs exclusifs agissent selon un procédé inverse et pourtant analogue. Attentifs à suivre et à surprendre la ligne dans ses ondulations les plus secrètes, ils n'ont pas le temps de voir l'air et la lumière, c'est-à-dire leurs effets, et s'efforcent même de ne pas les voir, pour ne pas nuire au principe de leur école. — On peut donc être à la fois coloriste et dessinateur, mais dans un certain sens. De même qu'un dessinateur peut être coloriste par les grandes masses, de même un coloriste peut être dessinateur par une logique complète de l'ensemble des lignes; mais l'une de ces qualités absorbe toujours le détail de l'autre. »

A la suite de cette explication de lettré, voyons comment Chassériau, avec son pinceau, résolvait la question. Son procédé nous a été transmis par Thoré* : « Chassériau, dit-il, ne se sert du procédé de M. Ingres qu'après avoir modelé l'intérieur de

---

* *Constitutionnel,* Salon de 1847.

ses figures, tandis que le système orthodoxe consiste à sculpter d'abord un galbe géométrique qu'on assouplit ensuite plus ou moins de couleur plate. Chassériau, au contraire, accuse premièrement la forme de ses images par la relation des couleurs et la dégradation de la lumière, et quand sa figure resplendit, il cerne les contours par des lignes de bistre et des accents vigoureux de dessin linéaire. Les maîtres vénitiens et espagnols ont souvent employé ces artifices de rehauts extérieurs. Par ce moyen complexe, M. Chassériau exprime purement les plus belles formes en leur conservant la splendeur du ton local. »

Mais le secret du génie est impénétrable. On ne saisit pas le rayon. La démonstration des procédés employés par les grands peintres est aussi stérile que l'analyse du style des grands écrivains dans un traité de rhétorique. Au bout de l'opération il ne nous restera jamais entre les mains qu'une palette sale ou des mots vides. La palette de Delacroix que lui préparait sa bonne Jenny Le Guillou a été reproduite, décrite, étudiée, disséquée. A qui a-t-on donné la couleur du maître? Il faudrait que la doctrine pût communiquer le secret de l'ébranlement nerveux qui dirige la main de l'artiste, mais ce secret-là, elle ne le connaîtra jamais.

Chassériau a été discuté, raillé, parce qu'il cherchait entre Ingres et Delacroix une voie inconnue. Lui, percevait dans la nature ce qui s'y trouve en effet, à la fois des lignes et des couleurs. Il les percevait avec une égale intensité et s'efforçait d'exprimer par des moyens matériels l'émotion que lui causait sa vision d'art originale et orgueilleuse. C'est par là qu'il est un grand artiste. — En art, il faut toujours tenter d'escalader l'Olympe. Il est beau d'être foudroyé.

L'art ne vit pas d'imitation, mais de révolution. Dès qu'il se fixe, il expire. Les descendants de Raphaël, héritiers des méthodes savantes, dépositaires des recettes infaillibles pour fabriquer le beau parfait, sont inférieurs aux plus rudes précurseurs de la grande époque dont les balbutiements naïfs possèdent une saveur divine. Ces sauvages de l'art sont admirables parce qu'ils ont exprimé tout simplement leur pensée à eux, sous une forme par eux-mêmes créée, n'ayant point de modèles hors la nature.

Les élèves des maîtres ont grandi à mesure qu'ils s'affranchissaient de leurs leçons et ils ne sont devenus maîtres eux-mêmes que par la conquête, toujours douloureuse, de leur indépendance. Chassériau, astre errant, inégal et solitaire, jette un éclat plus vif que s'il était resté le satellite obéissant d'un astre supérieur dont le rayonnement l'eût absorbé.

« Tout artiste véritable, a dit Gœthe, doit recommencer l'histoire de l'art dans sa personne et se servir des mêmes éléments dont s'étaient servis les premiers peintres. » — N'est-ce pas la condition de la santé, de la vérité et de la morale dans l'art?

Et l'on pense à toutes les pages de ces écrivains célèbres qui faisaient les lois du beau, dispersées tout à coup par une œuvre de génie comme des feuilles mortes par un vent d'orage. A ouvrir ces livres ensevelis dans la poussière des bibliothèques il semble que l'on exhume des ossements dans un cimetière abandonné, tandis que le *Massacre de Scio* et le *Tepidarium* étalent sur les murailles sacrées du Louvre une jeunesse triomphante immortelle.

Paris voyait rarement des personnages exotiques de la qualité du khalifat de Constantine, chef des Aractas. Le portrait de ce cavalier magnifique, de grandeur nature, au milieu d'une escorte de féerie, obtint au Salon un vif succès de curiosité. — « Ali-Hamed, dit Théophile Gautier*, que tout le monde a pu voir à l'Opéra, aux Italiens, dans les promenades, est d'une ressemblance frappante. Ce sont bien les yeux terribles et doux, mornes et flam-

* *La Presse*, 1845.

boyants, qui semblent tournés en dedans et qui
pourtant vous traversent de part en part, ces yeux
de gazelle et de lion qui ont fait frissonner et rougir
tant de belles parisiennes au fond de leurs loges. »
Ali-Hamed emporta la toile de Chassériau malgré
la loi du Prophète qui interdit aux musulmans la
représentation peinte ou sculptée de la figure humaine. Mais sans doute par un effet de la misère
des temps, trente-cinq ans plus tard elle quitta le
palais du khalifat pour échouer à l'Hôtel des Ventes.

Ali-Hamed était devenu l'ami de son peintre et
l'avait invité à lui rendre visite à Constantine. Chassériau accepta l'invitation et se rendit en Algérie
l'année suivante. Pendant plusieurs mois, en plein
été, il parcourut les trois provinces, mêlé aux états-
majors des généraux d'Afrique qui s'appelaient
alors Bedeau, Bertrand, Yusuf et Daumas. Sans témoignage précis, nous supposons qu'il pénétra dans
le Maroc. Nous avons en effet rencontré dans son
œuvre une toile représentant des danseuses agitant
des poignards, lesquelles sont revêtues de robes mi-
parties, costume spécial à la région du Maghreb.

Nous croyons devoir reproduire ici quelques
lettres adressées à son frère Frédéric que possède
M. Arthur Chassériau et qui donnent sur son séjour
en Afrique, sur ses préoccupations d'art et ses sentiments de famille, des détails intéressants.

Constantine, le 13 mai 1846.

« Mon cher Frédéric,

« Je suis à Constantine depuis lundi. J'ai fait un voyage très facile et tout simple. A Marseille, j'ai fait changer mon passage pour Alger par celui de Philippeville. On me l'a donné complet, sans frais aucun, grâce à M. Jacques, que j'ai vu un instant et qui allait très bien.

« Quant à ma santé, elle est parfaite. Je suis bien logé, je dîne avec les capitaines d'artillerie et je ne manque de rien. Le pays est très beau et très neuf. Je vis dans les Mille et Une Nuits. Je crois pouvoir en tirer un vrai parti pour mon art. Je travaille et je regarde.

« J'ai reçu la lettre de M. de Tocqueville pour le général Lamoricière.

« Je quitterai Constantine pour aller à Alger. J'ai fait mon voyage avec M. Martin, qui était envoyé en mission par le Ministère de la Guerre et qui partira très probablement en même temps que moi.

« Je te donnerai des détails sur ce pays à mon retour. Demain, j'irai chez le général Bedeau.

« Embrasse ma mère et mes sœurs et sois tranquille sur mon compte; le climat me convient. Je suis les conseils des militaires qui y vivent et qui sont robustes, et ensuite je trouve là de vrais trésors pour un artiste.

« Adieu, mon cher frère, je t'écris à la hâte. Le général Bedeau me fait dire qu'il désire me voir.

« Ton frère et ami

« THÉODORE. »

Constantine, le 23 mai 1846.

« Mon cher Frédéric,

« Je suis toujours à Constantine et encore pour une quinzaine. Il paraît que c'est la seule ville vraiment arabe qui reste dans ce pays; aussi, j'en profite. De là, j'irai à Alger où j'espère trouver de vos nouvelles à tous.

« Mon affaire avec le Khalifat qui m'a reçu parfaitement, sera bien terminée avant mon départ de Constantine.

« Le général Bedeau a été aussi bon et aussi complaisant pour moi que possible. J'ai trouvé partout un accueil vraiment cordial. Je demeure avec le capitaine Napoléon Bertrand et deux autres jeunes chefs des spahis qui me donnent l'hospitalité.

« Ne soyez pas inquiets si vous entendez parler d'une expédition dans la Kabylie, conduite par le général Bedeau. J'ai trouvé à Constantine tout ce que je voulais voir de Kabyles et je n'ai aucun intérêt à la suivre. Ainsi je continuerai mon voyage sans m'en mêler. Ils comptent faire campagne pendant un mois et ce n'est pas mon métier.

« Embrasse ma mère, Adèle et Aline. Je serai à Paris dans le milieu de juillet. Le climat est très sain et je souffre ici moins de la chaleur qu'en France, où les grandes rues laissent le soleil vous cuire tout à son aise. Ici on est toujours à l'ombre et les chaleurs ne sont vraiment fortes qu'en juillet et août, et je n'y serai plus.

« Dis mille choses affectueuses à M. Ravaisson*. J'ai trouvé en lui le cœur d'un ami, je ne l'oublie pas et, à mon retour, j'espère lui montrer des choses qui pourront l'intéresser comme artiste.

« Adieu, mon cher frère, il me tarde de vous revoir et en attendant je vous embrasse tous.

« THÉODORE. »

* M. Félix Ravaisson, membre de l'Institut.

Constantine, le 4 juin 1846.

« Mon cher Frédéric.

« Je suis encore à travailler à Constantine. Tous les projets de guerre du général Bedeau sont remis indéfiniment et toute la province est tranquille. Le général me donne le moyen par toute sa complaisance de faire les études qui me sont nécessaires.

« Je ne partirai pour Alger que le 15 et je me fais un plaisir d'y trouver de vos nouvelles à tous.

« Le 17, je vous écrirai d'Alger, et vers le 15 juillet je serai à Paris.

« Jusqu'à présent je n'ai pas souffert de la chaleur, elle est très supportable. D'après ce que j'entends dire, je fais bien de m'arrêter quelques jours de plus ici. C'est le seul endroit vraiment arabe qui reste en Afrique.

« Je suis fêté par tout le monde et le général écrit pour que le reste du voyage me soit tout à fait agréable et facile.

« Adieu, mon cher frère, je t'écris à la hâte pour ne vous donner aucune inquiétude. Embrasse ma mère et mes sœurs. Bientôt je reviendrai reprendre mes travaux.

« Ton frère et ami

« THÉODORE.

« Mes amitiés à Ravaisson, à Gilly, si tu le vois, et à Gras, qui est pour nous tous un ami. »

Philippeville, le 13 juin 1846.

« Mon cher frère,

« Je viens de quitter Constantine, et après-demain matin je m'embarquerai pour Alger, où je me réjouis de trouver de vos nouvelles. Je t'écris à la hâte, dans un hôtel de Philippeville où je n'ai pas d'encre passable.

« Le général Bedeau m'a donné mon passage à la table du commandant comme à un officier supérieur. J'ai trouvé en lui un homme aussi distingué que cordial et bon.

« J'ai été très content du Khalifat. Il m'a remis quinze cents francs sur la somme qu'il me doit et m'a promis les huit cents autres qu'il reste me devoir pour le plus tôt possible. Il est très gêné en ce moment et m'a prié, comme ami, d'attendre un peu le reste qu'il m'enverra par M. de La Rüe.

« Il me tarde déjà de vous voir, et si je n'avais pas un but si sérieux je partirais demain par le bateau qui m'a amené de Marseille ici et qui repart de Stora pour la France.

« J'ai vu des choses bien curieuses, primitives et éblouissantes, touchantes et singulières. Dans Constantine qui est élevée sur des montagnes énormes, on voit la race arabe et la race juive comme elles étaient à leur premier jour.

« Je te raconterai tout cela et tu verras des études nombreuses, tout ce qu'il est possible de faire en voyant passer en si peu de temps des choses si diverses devant les yeux. J'ai pris des notes et avec le souvenir je pense ne rien oublier.

« Du reste, tout deviendra français avant peu comme construction dans ce pays, et la ville où je suis maintenant est aussi grande et aussi française que Châlons, Mâcon, etc., et elle a été faite en quatre ans. Il est donc faux de dire que nous n'avons aucun résultat. Ceux qui sont obtenus sont très grands sur une terre fertile et sauvage, et si on paye tout cela par des sacrifices, au moins on a de vrais résultats.

« Embrasse ma mère, et dis-lui que le 17 je serai

à Alger où je vais voir Frédéric*. Le général de Bar a été prévenu par le général Bedeau de mon arrivée et je pense trouver auprès de lui autant de complaisance pour m'être utile que j'en ai rencontré jusqu'ici. Dans les premiers jours de juillet, je reviendrai sans faute et j'apporterai à Adèle et à Aline un petit souvenir de mes courses.

« Je pense qu'elles sont contentes du prédicateur qu'elles ont maintenant. Dis-leur que pendant mon séjour à Constantine, le général me menait à la messe le dimanche, dans une mosquée qui est aujourd'hui une église française.

« Adieu, mon cher frère, il me tarde de savoir si tu es content. Après avoir reçu de tes nouvelles à Alger, je t'écrirai longuement, et une lettre suivie. Dis mille choses à nos amis. Dis à Ravaisson qu'il aurait été intéressé par ce qui se trouve de ce côté de l'Afrique, que la chaleur est supportable et que je suis très bien de santé. A mon retour, nous reprendrons nos travaux.

« Embrasse Adèle et Aline et crois-moi bien ton très dévoué.

« THÉODORE.

« Le Khalifat m'a donné comme souvenir un très beau yatagan en argent. »

* M. Frédéric Chassériau, architecte de la ville d'Alger.

Alger, le 20 juin 1846.

« Mon cher frère,

« Je crois que ce matin un bateau à vapeur part
pour la France, je t'écris donc ces lignes pour vous
ôter toute inquiétude. Il ne faut pas m'en vouloir
quand vous n'avez pas de mes nouvelles. Les cour-
riers ne sont pas très exacts et je crois n'avoir manqué aucune occasion pour vous en donner. Quelquefois le courrier d'Alger arrive avant celui de
Philippeville, et quand j'étais à Constantine, j'écri-
vais par ce courrier.

« Maintenant je suis à Alger, installé chez Frédéric, qui est à Marseille pour quelques jours. Je
regarde, je dessine et je prends des notes sur ce
beau et singulier pays si près de perdre son originalité pour devenir tout à fait français. Ce qui reste
de l'ancienne ville d'Alger donne bien l'idée d'un
repaire de pirates riches et hardis. L'aspect de la
ville est blanc sur la mer bleue et a l'air de marbre
grec. C'est tout autre chose que dans les autres
pays d'Afrique, plus musulmans et plus turcs.

« Quant aux chaleurs, en prenant un caban blanc,
un chapeau blanc bourré d'étoffes qui arrêtent le

soleil, on est dans les conditions de costume des Arabes qui ne souffrent pas de la chaleur. Cette température est bonne pour ma santé et j'ai moins souffert de la chaleur qu'en allant traverser les ponts au grand soleil à Paris.

« Je ne sais encore si j'irai à Oran. Frédéric a le désir de venir avec moi. J'ai vu hier M. le maréchal*. Il m'a paru souffrir des écorchures que veulent faire à sa renommée les envieux qui s'attachent à ternir ce qui brille. — La guerre ne se fera que dans l'intérieur des terres, dans les tribus. Dans les villes il n'y a jamais aucun danger.

« Je pense que la Chambre doit être en vacances en ce moment et que tu as un peu de repos.

« Embrasse ma mère, Adèle, Aline, et dis mille choses à nos amis. Tu les connais comme moi. Ce sont les mêmes.

« Je serai de retour à la même époque que j'avais fixée dans le courant de juillet. Je vous écrirai d'ici là, mais ne vous tourmentez pas si je suis en retard de quelques jours. En voyage on est l'esclave de la mer, des bateaux et des voitures. La mer, du reste, dans cette saison, est d'une beauté inaltérable et lisse comme la glace.

« Dis à Ravaisson que sa lettre m'a fait un vif

---

* Le maréchal Bugeaud.

plaisir et que bientôt nous reprendrons nos travaux.

« Adieu! Je t'embrasse, et à bientôt.

« Ton frère dévoué

« THÉODORE.

« Rappelle-moi au souvenir de M. Alexis de Tocqueville, s'il est encore à Paris.

« Je suis très content que l'on ait expédié le
mandat du ministère. Sers-toi ainsi que ma mère de
cet argent. Je rapporterai avec moi au moins mille
à douze cents francs intacts, et j'aurai pu acheter les
choses dont j'ai besoin pour mes peintures à Paris. »

Les pays mahométans à cette époque venaient
d'être découverts par Delacroix, Decamps et Marilhat. Fromentin, qui fut le poète gracieux, fin et
voilé, un peu mièvre de la vie arabe, entrait à peine
dans l'art.

Chassériau fut ébloui par ces spectacles nouveaux dont le mystère, la lumière et la couleur
offraient à son imagination des éléments pittoresques merveilleux. Il en rapporta des études nombreuses, trois grandes compositions : le *Sabbat des
Juifs à Constantine*, les *Cavaliers arabes enlevant leurs
morts*, les *Cavaliers arabes s'injuriant avant le combat;*
mais surtout l'affranchissement définitif de son âme

d'artiste. Jusqu'au *Sabbat des Juifs* il était resté
l'élève d'Ingres, élève insoumis, turbulent, frémis-
sant, mais finalement toujours dompté. C'est à
Constantine qu'il reçut le sacre divin qui fait les
rois de l'art. Le soleil lui révéla la couleur. Qu'il
était loin le peintre mâle et fougueux des belles
juives d'Afrique et des guerriers du désert, qu'il
était loin du charmant et doux poète qui avait
chanté sainte Marie sur les murailles de Saint-Merry !
En cela consiste la grandeur originale de Chassériau.
Parmi les artistes de ce siècle, aucun ne fut plus
tourmenté que lui. Il dut traverser des épreuves
terribles avant d'approcher de l'idéal qu'il entre-
voyait confusément dans son rêve, comme une haute
cime enveloppée par l'orage.

Certes il lui eût été facile d'acquérir la fortune et
la gloire officielle des imitateurs dociles, savants et
pâles, de son illustre maître. Pour prix de sa servilité
rien ne lui eût manqué des faveurs du monde. Il
fallait qu'il sentît en son âme cette force invincible,
cette sorte de folie qui produit les amants, les martyrs et les grands artistes, à la fois amants et martyrs
du beau qu'ils ne possèdent jamais.

Les uns, comme Géricault et Delacroix, trouvent
du premier coup, par une sorte de divination, les
moyens d'expression qui conviennent à leur vision
d'art ; d'autres, moins heureux, comme Gros et

Chassériau, ne les rencontrent qu'après de longues recherches, au prix d'efforts douloureux, parfois d'angoisses mortelles.

Il y a un Orient de Chassériau, de même qu'il y a un Orient de Delacroix. A celui-ci l'Arabe est apparu vulgaire, misérable et dégradé; sur celui-là il a produit l'effet d'une vision antique, d'un rêve athénien au pays mahométan, dans la magie du désert. Paul de Saint-Victor a traduit le sentiment d'art dans lequel Chassériau a exécuté ses œuvres africaines *. « ... L'artiste, dit-il, qui s'est formé sur les proportions exquises de l'art antique, en gardera toujours, dans son talent, les lignes essentielles. Il aura toute sa vie le mal du pays des bas-reliefs et des lauriers-roses. Théodore Chassériau resta grec jusque dans cet Orient musulman, dont il aimait les sombres splendeurs. Aux femmes des harems il prêtait la noblesse des vierges du gynécée; au burnous de l'Arabe il imprimait le pli des draperies divines. Sous la complication de l'habillement barbaresque, il devinait la beauté simple des races indigènes; il taillait à grands plis dans son fouillis splendide, et il en dégageait le type de l'homme primitif, marchant libre et fier au premier soleil. Ses femmes de Constantine ressemblent à des sta-

* *La Presse,* 12 octobre 1856.

tues grecques vêtues d'ajustements orientaux; ses combats de chefs arabes, ses cavaliers enlevant leurs morts, à des scènes d'Iliade africaine. »

Le *Sabbat des Juifs* refusé au Salon de 1847 reparut triomphalement au Salon de l'année suivante, porté par la clameur publique plutôt qu'admis par le jury.

Thoré n'avait pas attendu la consécration officielle pour rendre justice à l'œuvre qu'il était allé voir dans l'atelier de l'artiste.

« ... *M. Chassériau, dit-il, a fait des chapelles et il est occupé depuis quatre ans aux peintures murales de l'hôtel du quai d'Orsay. Que signifie cette persécution de l'Académie contre des artistes que les ministres, la direction des Beaux-Arts et la Presse jugent dignes des grands travaux publics? N'est-ce point jalousie de concurrence? Quels sont donc les titres des génies et célébrités officiels ayant droit de juger et de condamner les grands artistes contemporains et toute la jeunesse qui appartient à l'avenir?... M. Chassériau n'a pas encore eu dans sa vie ce jour de veine et de triomphe qui marque dans la destinée d'un homme, lui attache un signe ineffaçable et le classe à son rang. — Delacroix a reçu le baptême au *Massacre de Scio*,

---

* *Constitutionnel*, 1847.

Decamps à la *Défaite des Cimbres,* M. Delaroche
à la *Jeanne Gray...* Si M. Chassériau avait eu le
bonheur d'être reçu au Louvre, son affaire était
faite, comme on dit vulgairement, car son tableau
est le plus étrange, le plus saisissant, le plus déli-
béré, le plus neuf d'aspect, le plus entier dans
l'exécution, le plus original dans les tournures, qu'on
ait exposé depuis longtemps. »

Thoré, auquel Théodore Rousseau avait appris
les secrets du métier, excellait dans la critique précise et raisonnée de l'œuvre d'art, mais par ses dis-
sertations sèches de professeur il émasculait le beau
en essayant de le démontrer savamment. A la description émue pourtant qu'il a laissée du *Sabbat des
Juifs,* nous préférons celle de Gautier parce qu'elle
fait mieux sentir la poésie et la splendeur africaines
de la peinture.

La voici* :

« Dans son tableau du Sabbat des Juifs de Constantine, Théodore Chassériau nous a montré ces
belles races inconnues de l'Orient qui vont bientôt,
hélas! disparaître sous l'envahissement de notre
fausse civilisation et faire place à nos types rabou-
gris et dégradés. Tout ce beau rêve coloré des feux
du soleil d'Afrique est encore vrai : demain ce ne

* *La Presse,* 1847.

sera plus qu'un rêve; la ville d'Achmet-Bey sera remplie d'affreux boutiquiers, d'abominables bourgeois et de femmes mises à la dernière mode.

« Dans cette rue fantastique aux maisons qui surplombent, portées par des escaliers renversés, aux toits peuplés de cigognes, aux fenêtres grillées de treillages de cèdre, et que traversent au galop les cavaliers du désert, vont bientôt passer des patrouilles de gardes nationaux, absolument pareils à ceux de la rue Saint-Denis; aussi, en face de ces belles femmes assises dans leurs splendides vêtements mipartis comme des reines du moyen-âge, et laissant nager leurs prunelles noires dans la limpidité sereine de leurs yeux aux paupières peintes, nous nous sommes senti saisi d'une tristesse profonde.

« Oui, ces purs profils, ces chastes ovales noblement allongés, ces bouches aux coins arqués, ces yeux de gazelle, ces bras puissants et fins, ces tailles de déesse, ces seins de marbre, ces beaux pieds antiques, ces beaux corps, ces nobles figures ont quelque chose de fixe, de mystérieux, d'inquiétant; une incurable mélancolie voile leur beauté; elles ont le sentiment de leur mort future et de la disparition future de leur race. Dans ces yeux fixes et profonds il n'y a pas l'étincelle de l'avenir, le passé seul les illumine de leur morne lueur.

« Elles sont là nonchalamment groupées sur le

banc de pierre ou debout dans l'étroite porte de
leurs maisons, fins joyaux qui s'échappent de l'écrin
entr'ouvert; le long de leurs tailles souples, glissent
les lourdes ceintures plaquées d'or, rugueuses de
filigranes, constellées de pierreries, pour ne s'arrêter qu'aux riches contours de la hanche; de triples
chaînes d'or tombant de leurs coiffures leur font une
scintillante mentonnière qui se mêle en bruissant à
leurs folles pendeloques. Des bracelets d'argent
cerclent leurs chevilles minces. Des étincelles de
paillon piquent de bluettes de toutes couleurs la
bande de velours noir qui ceint leurs blondes tempes. Pour fêter le jour du Sabbat elles ont étalé
tout ce luxe enfantin et barbare. Judith de Béthulie
se parant pour aller trouver Holopherne, ne devait
pas avoir d'autres robes et d'autres bijoux; les traits
non plus n'ont pas changé. Le sang de la race pro-
scrite s'est conservé pur, par la malédiction, et l'antiquité biblique retrouverait tous ses types et tous
ses caractères. Quelle tournure superbe et quelle
tête d'une beauté orientalement sauvage a la femme
à la robe mi-partie rouge et vert qui porte sur
l'épaule une sébile pleine de feuilles de henné, et
tient par la main un jeune enfant nu! et comme la
jeune fille placée à gauche du spectateur intéresse par
sa physionomie régulière et douce, triste et tendre à
la fois! Le peintre a merveilleusement compris la mé-

lancolie sereine des pays chauds, cette indolence d'attitudes et cette espèce d'accablement que produit la lutte du corps humain contre un climat violent. Il a rendu avec une vérité singulière ces mouvements d'antilope et de gazelle, ces poses de biche au fond des bois, que prennent dans leur coquetterie naïve ou dans leur ignorance ces belles créatures que la civilisation moderne n'a pas déformées. Elles sont heureuses, celles-là, de pouvoir montrer à nu leurs visages et de n'être pas obligées d'étendre sur leur beauté, comme les musulmanes, le linceul mat d'un voile qui ne se relève que pour l'époux. Aussi comme ces cavaliers de Tuggurt ou de Biskra, qui passent dans le fond avec leurs larges étriers et se retournent pour leur lancer un regard brûlant, à ces admirables filles d'Israël que Mohammed lui-même admettrait dans son paradis s'il n'était retenu par un préjugé de religion; aussi comme les pauvres captives arabes se penchent par les étroites ouvertures de leurs cages et jettent un œil d'envie à ces heureuses rivales qui ne sont pas forcées d'être belles incognito! »

Qu'est devenue cette toile qui mesurait vingt pieds en tous sens et dont les personnages étaient représentés grandeur nature? Nous n'avons pu la retrouver.

VIII

HASSÉRIAU termina en 1848 les peintures commencées en 1844, dans l'escalier d'honneur de la Cour des Comptes, dont l'exécution lui avait été confiée par le ministère de l'Intérieur, grâce à l'intervention de M. Alexis de Tocqueville.

M. Marius Vachon, dans son travail sur l'art français pendant la guerre et la Commune*, a raconté la façon assez curieuse dont la commande fut donnée à l'artiste :

« Un soir, Frédéric et Théodore Chassériau étaient en visite chez M. Alexis de Tocqueville.

---

* Le palais du Conseil d'État et la Cour des Comptes. Quantin, 1879.

Celui-ci dit à Frédéric que son frère paraissait bien triste.

— « En effet, lui répondit M. F. Chassériau, on lui refuse la demande d'une décoration murale dans un monument de Paris.

— « De qui cela dépend-il? demanda M. Alexis de Tocqueville.

— « Du ministre de l'Intérieur.

— « Ah! reprit M. de Tocqueville, ce n'est que cela? je m'en charge. Tranquillisez votre frère. »

M. Vitet, député, était ami très intime du comte Duchâtel, ministre de l'Intérieur, et son conseil en matière d'art. M. Vitet avait posé sa candidature à l'Académie française, dont M. Alexis de Tocqueville était membre. « Mon cher ami, lui dit l'académicien, donnant pour donnant. Je vous promets ma voix, à la condition *sine qua non,* que Chassériau ait sa muraille. »

Quelques jours après, M. Chassériau recevait la commande de la partie du haut de l'escalier de la Cour des Comptes; on lui allouait pour ce travail la somme de trente mille francs. Lorsque le jeune peintre se trouva en présence du grand escalier, il se dit : « Une telle décoration exige de l'unité dans la conception et l'exécution. Je ferai tout. » Il fait alors préparer toutes les parois de l'escalier et, sans rien dire à persoone, il esquisse la composition entière. Lorsqu'il eut achevé ce travail, il pria M. Vitet de venir le voir. En présence de cette conception, M. Vitet poussa un cri d'admiration, et, frappant sur l'épaule du jeune homme, lui dit : « Vous êtes un grand artiste et un homme comme je les aime; vous êtes chargé de la décoration complète de l'escalier de la Cour des Comptes. »

Son œuvre terminée, Théodore Chassériau n'eut même pas la pensée de demander, dans la situation financière où se trouvait la France depuis la révolution de Février, l'indemnité qui lui avait été promise pour avoir substitué le tout à la partie commandée administrativement.

Chassériau fit là son chef-d'œuvre, un travail considérable, d'un art puissant, original, varié, qui constituait son principal titre de gloire vis-à-vis de la postérité. Nous verrons tout à l'heure ce qu'il en reste, ce qui peut encore en être sauvé. Voici la description qu'en a donnée Théophile Gautier en 1848* :

L'ESCALIER DE LA COUR DES COMPTES

« A droite, sous la voussure baignée par le demi-jour d'une ombre pâle, s'offre une espèce de carton

* *La Presse.*

moitié tableau, moitié bas-relief, en grisaille, représentant un écuyer qui détache des chevaux de
guerre liés à des branches d'arbres; sur le devant,
sont entassés des monceaux d'armures. Ce morceau, traité dans le goût antique, a beaucoup de
style et de grandeur.

« En face, dans le panneau oblique qui monte
avec l'escalier, le Silence, personnifié par une belle
femme, le doigt sur la bouche, indique le respect
dû à un endroit sérieux : c'est en quelque sorte le
genius loci, l'initiatrice calme et sereine qui prend
par la main le visiteur tout assourdi encore des
bruits de la rue, et l'invite à gravir les degrés d'un
pas recueilli. Un peu plus loin, la Méditation rêve
sur le gazon. à l'ombre de grands arbres, et laisse
tomber une fleur qui s'effeuille dans l'eau noire et
profonde où se réfléchit la cime des forêts. A quelques pas de la Méditation, l'Etude, la tête penchée,
lit dans un grand livre, dépôt des connaissances
humaines.

« La gradation est parfaitement observée, et la
vie se montre tout d'abord sous ses deux faces :
d'une part. l'Action, qui détache des chevaux et
remue des armes; de l'autre, l'Idée, qui se recueille,
rêve et scrute; le calme mène à la méditation, d'où
naît la science : agir, penser, n'est-ce pas là tout
l'homme ?

« Ces grisailles, très légères et très vagues de ton, à peine éclairées par un quart de jour et vues à travers une espèce de brouillard blanchâtre, ont l'air de l'ombre d'un rêve. Certaines portions du Vatican sont décorées ainsi.

« Le peintre a pris avec raison le parti incolore pour cette portion de l'édifice éclairée par des jours de reflet, et où ne tombe jamais la lumière franche, car la valeur des tons n'est pas appréciable à cette lueur crépusculaire. Ces compositions modelées avec du noir et du blanc, presque de la même nuance que la pierre, sont harmonieuses et douces, et préparent bien l'œil aux peintures qui vont suivre. C'est, pour emprunter à la musique un de ses termes, une introduction en mode mineur à l'éclatante symphonie pittoresque développée dans les hauteurs de l'escalier.

« Ainsi accompagné par ces grisailles, on arrive au premier palier où sont encastrées dans le mur deux inscriptions gothiques, et d'où l'on aperçoit le coup d'œil général; le jour s'est fait; la lumière tombe du haut de l'escalier, éclairant comme une cascade de peintures. Les tableaux, séparés par des frises qui courent dans les interstices et dont le gris doré se colore par places comme du jaspe, se déroulent dans les hauteurs avec leur idée au centre.

« Cette idée, c'est l'Ordre et la Force symbolisés par un homme d'âge mûr et une femme d'aspect imposant et viril, assis sur un trône, s'enlaçant par un bras et tendant l'autre, chacun vers la série de compositions qui ressortent de son pouvoir, la Force vers la muraille de la Guerre, l'autre vers la muraille de la Paix. Ces deux figures adossées, qui rappellent un peu, pour la pose, le Neptune et l'Amphitrite de Jules Romain, ont un caractère d'énergie et de grandeur admirables. Le type en est original et neuf.

« C'était une tâche difficile que de personnifier la Force sous la figure d'une femme. M. Chassériau, tout en donnant à son allégorie des formes soutenues et robustes, n'est pas tombé dans la faute de faire un Hercule Farnèse féminin. C'est surtout par la majesté de l'attitude, le commandement du geste et l'autorité irrésistible du regard qu'il a caractérisé son emblème et fait comprendre qu'il s'agissait ici encore bien plus de la force morale que de la force physique; c'est la sœur de cette puissance que Jupiter envoyait à Prométhée. L'Ordre, avec son austérité sereine, son œil pensif et non soucieux, son air résolu sans arrogance, sa pose bien équilibrée, son geste sobre, inspire des idées de calme, de sécurité et de bien-être : c'est l'économe de l'Humanité

« Au pied du groupe, un grand lion, les pattes étendues, la crinière ruisselante, fixe sur le spectateur ses yeux jaunes comme des boucliers fourbis, et déroule les ondulations de sa croupe, fauve escabeau placé sous les pieds de la Force et de l'Ordre.

« Ce tableau fait face au visiteur qui monte l'escalier et le saisit tout d'abord par une fierté de style, un aspect monumental et une certaine grandeur âpre qui deviennent de plus en plus rares.

« Commençons par la Guerre, pour finir comme tout devrait finir, par la Paix. Au centre d'un immense panneau qui occupe toute la paroi du mur, une espèce de sage, de génie représenté par un homme d'âge, mais dont l'expérience conserve toute la vigueur de la jeunesse et que les années ont éprouvé sans l'affaiblir, distribue à des ouvriers le salaire de leurs travaux; l'argent, comme on l'a dit mille fois, est le nerf de la guerre, et si le bon droit est toujours du côté des plus gros bataillons, ce sont les gros sacs d'écus qui font les gros bataillons. Les équipages, les armements, les vivres, la solde, tout cela ressort de l'administration; aussi Bellone, immobile, le casque grec en tête, tenant d'une main deux lances de bronze et de l'autre un grand bouclier, sombre miroir de fer illuminé de vagues reflets qui couvre sa poitrine et cache une partie de sa robe teinte dans la pourpre des combats, attend, elle, pour s'envoler que l'homme mûr ait fait ses payements et ses comptes.

« Au premier plan, à droite, des hommes demi-nus, à tournure de cyclopes et tout rayonnants du feu de la forge, battent le fer et fabriquent des armes : épées, cuirasses, fers de lance jetés à terre autour de l'enclume. Un peu plus au fond, des ouvriers, à moitié voilés par la fumée rouge et la flamme trouble d'une fournaise, font chauffer des cercles pour des chars de guerre.

« A gauche, des jeunes gens s'élancent sur leurs chevaux avec des mouvements impétueux et forts qui font penser, pour l'énergie sauvage et la vigueur de l'élan. au fameux carton de la Guerre; les bataillons s'ébranlent et se mettent en marche, soulevant la poussière; les bannières se déroulent au vent, les clairons jettent leur aigre fanfare, les chevaux hennissent et piaffent, et les soldats, la main appuyée sur la croupe de leur monture, se retournent à demi et causent entre eux de la guerre lointaine qu'ils vont faire là-bas de l'autre côté de l'horizon. derrière ces montagnes bleues et roses que dorent les lueurs de l'aube. Ils peuvent partir tranquilles, rien ne leur manquera; la Sagesse veille sur leur héroïsme, et sous la tente ils retrouveront la paix du foyer.

« Cette composition, pleine de mouvement et

de turbulence, fait, par l'agitation bien entendue de ses lignes, l'agencement touffu de ses groupes, le tumulte de sa couleur et la férocité de sa touche, un contraste des plus heureux avec le tableau de la Paix.

« Au-dessous, défile une frise de guerriers peints à mi-corps en grisaille et réchauffés çà et là de tons de camée, où l'artiste a réuni les différents types des races militaires. Ces têtes, accusées avec beaucoup de vigueur et de finesse, ne seraient pas indignes de tourner en spirale autour de la colonne Trajane.

« Plus bas encore, dans le panneau triangulaire qui accompagne l'escalier, M. Chassériau a placé le Retour de la guerre.

« Ce morceau est un des mieux réussis; il ne laisse rien à désirer pour l'intensité du ton, l'énergie de la touche, le mouvement de la composition et l'originalité de l'effet.

« Les guerriers qu'on a vus partir pleins d'élan dans la composition supérieure, reviennent victorieux et ramènent des captifs.

« Des cymbaliers, pressant du genou le flanc de leurs montures fatiguées, heurtent dans l'air le disque frissonnant de leurs cymbales, et jouent une marche de triomphe à l'approche des frontières de la patrie.

« Un des soldats est monté sur un coursier qui

hennit et dont les naseaux, largement ouverts, semblent frémir à la brise natale; un autre rend la bride à un cheval blanc qui penche le cou; un troisième, du haut de son cheval bai au front marqué d'une étoile blanche, regarde et dirige un groupe de captifs.

« Les prisonniers, de tournure exotique, caractérisent la guerre des races, la moins stupide et la moins terrible de toutes, car elle est le lien mystérieux qui unit la civilisation à la barbarie.

« Près de l'escadron des soldats marche la tourbe des captifs acceptant leur sort ou le maudissant; un jeune homme qui se détache sur les nuages rouges du soir, résiste et se lamente; une négresse, déjà ployée à l'esclavage, suit la file en essuyant ses larmes; deux femmes, la première brune et dorée comme avec un rayon de soleil, ses noirs cheveux nattés et noués avec des perles, montrant ses chaudes épaules et ses reins fauves sur lesquels glisse une draperie d'azur; la seconde, blanche, élancée, se renversant dans un mouvement douloureux et tâchant de lever ses mains délicates chargées de chaînes, composent, avec un vieillard traîné par un soldat à pied et bardé de lames de fer, un groupe admirablement pathétique et pittoresque. Les dos nus des femmes sont d'une pâte grasse, souple, et d'un ton à faire envie au plus fier coloriste. La tête du cheval qui hennit et se présente de face, pour la force, la fougue et la férocité, pourrait être signée Géricault.

« Sur la même ligne que le Départ pour la guerre, se trouve un pendentif sans symétrie, car l'autre côté est occupé par une porte.

« Ce pendentif représente la Justice qui, dirigée par l'Ordre, fait une irruption inattendue dans un antre de corruption où se commettent des iniquités contre l'État. La Justice, vêtue d'une tunique blanche sur laquelle voltige un manteau noir, entre avec un geste brusque, ses balances ployées dans sa main crispée, et marche droit aux coupables, dont l'un se cache la figure avec les mains pour se soustraire aux investigations, tandis que l'autre, plus effronté, cherche à dérober le produit de ses concussions, des sacs d'or qui se crèvent et ruissellent. Un troisième, effaré, rampe le long du mur comme une bête fauve traquée, et cherche une issue qu'il ne trouve pas.

« Au-dessous de ce tableau, la Loi, peinte en grisaille, dans une attitude d'impassibilité majestueuse, tient ouvertes et présente aux spectateurs les tables de pierre où sont inscrits des décrets. Cette figure est fort belle.

« Une immense composition couvre la muraille qui fait face aux panneaux que nous venons de décrire et dont elle est le pendant antithétique. Tout

à l'heure c'étaient des tons violents, des groupes
tumultueux, une touche énergique et heurtée; maintenant c'est la sérénité pure, l'ondulation heureuse
des lignes, la lumière tiède et blonde, un aspect
tout à fait différent et qui montre chez le peintre un
talent simple et varié.

« Au centre de la composition, la Paix, forte et
douce, se tient debout, adossée à un tronc d'olivier;
sa tête, admirablement belle, fixe sur les spectateurs
ses grands yeux intelligents et pensifs; sa bouche a
le vague sourire de la sérénité. Placée au milieu du
tableau, elle attire le regard par un attrait impérieux
et semble éclairer ce qu'il avoisine. Elle étend ses
bras, d'une grâce vigoureuse, sur des laboureurs
occupés aux travaux de la terre, et sur un groupe de
semeurs qui symbolisent les arts. La Poésie tient sa
lyre et écoute son âme; la Peinture, liée à elle par
un bras, rappelle l'*ut pictura poesis,* et penche sa
tête couronnée de lauriers-roses pour étudier les
poses des jeunes mères heureuses et sereines qui
pressent, pendant la tranquillité de la paix, leurs
enfants dans leurs bras.

« Derrière la Poésie et la Peinture, la Tragédie
sérieuse, l'œil sombre, les doigts crispés sur son
poignard classique, a près d'elle la Comédie rieuse
qui babille à son oreille et tient un masque fardé;
un peu plus en avant, l'Architecture, reconnais-

sable au plan déroulé qu'elle porte à la main,
tourne la tête et regarde vers le fond du tableau
des ouvriers qui bâtissent une ville. La Sculpture,
demi-nue, par l'éclat marmoréen de son torse, fait
penser au Paros et au Pentélique d'où ses chefs-
d'œuvre sont tirés. Ce corps, moitié chair, moitié
marbre, demi-vivant, demi-statue, caractérise avec
un rare bonheur et une grande originalité le noble
art de Phidias et de Praxitèle. A côté de la Sculpture, la Musique, l'art vague et mystérieux, voilé
d'une demi-teinte vaporeuse, l'œil noyé et levé au
ciel, la bouche entr'ouverte et laissant échapper
comme un brouillard sonore, presse son téorbe
sur son cœur; non loin d'elle la Science, ayant à
ses genoux un jeune sauvage bariolé de tatouages,
lui apprend les choses connues et se fait son initiatrice en fait de civilisation.

« De l'autre côté, un groupe de jeunes femmes dont
la fraîcheur annonce la santé et le bien-être, allaitent
de beaux enfants, les font sauter dans leurs bras ou
les endorment en chantant des *lullaby*. On ne saurait rien imaginer de plus gai, de plus frais, de plus
souriant que ces belles créatures dorées par une
douce lumière.

« Auprès d'elles, sur un tas de gerbes que le
bluet et le coquelicot piquent d'étincelles bleues et
rouges, dorment, nonchalamment étendus, les

moissonneurs fatigués, attendant que Thestylis leur
apporte le repas de midi. Plus loin, au second plan,
des bouviers poussent dans un chemin creux des
attelages de ces grands bœufs qu'on voit dans la
campagne de Rome, et dont les formes majestueuses semblent taillées exprès pour les bas-reliefs
et les frontons. Sur le même plan, plus à droite,
s'élève une ville en construction. Les ouvriers assu-
jettissent des charpentes, traînent des blocs, montent des pierres en faisant la chaîne, et donnent le
spectacle de l'activité humaine qui se développe
dans la paix.

« Toutes ces fabriques et ce paysage entremêlé
de grands arbres qui s'élancent gaiement dans la
limpidité bleue de l'air sont du plus grand style et
du plus bel effet. Sous cette éclatante et tranquille
composition s'allonge une frise en grisaille représentant une bacchante antique; un jeune garçon
couché sur le ventre, la tête vacillante et l'heureux
sourire de l'ivresse dans les yeux et sur les lèvres,
écrase des raisins dans un cratère; d'autres, jeunes
filles et jeunes éphèbes, les cheveux dénoués, les
tuniques flottantes, portant des grappes pareilles à
celles de la terre promise, se jouent avec mille
charmants caprices à travers des pampres et des
guirlandes.

« On ne peut mieux saisir le sentiment antique

que M. Théodore Chassériau ne l'a fait dans cette frise. On dirait un bas-relief grec, inconnu, copié dans un temple de Bacchus qu'on ignore.

« A droite et à gauche du grand panneau central, se trouvent deux pendentifs séparés par deux colonnes de marbre rose de la composition principale; reliés par le Commerce qui florit dans la paix, les différents peuples se visitent et apprennent à se connaître.

« Le pendentif de gauche nous montre le port d'une ville orientale. La mer bleue fume dans le fond; les dômes blancs des mosquées et des pagodes, les toits dentelés des kiosques se découpent sur l'azur profond du ciel. Les gens du Nord, blonds ou pâles, abordent dans leurs barques à un môle, où les accueillent des groupes d'hommes légèrement vêtus et portant des marchandises précieuses, coffrets d'or, colliers de perles, boîtes de parfums, myrrhe, nard et cinname, masses d'ambre, tissus rayés, tramés d'argent, toutes les vieilles et barbares magnificences de l'Orient. Les femmes avec leurs tiares, leurs colliers de sequins, leurs lourds bracelets, leurs doigts rougis de henné, leurs yeux teints de *kohl,* regardent, mystérieuses comme des sphinx, dans des attitudes pensives, empreintes de cette grâce triste et de cet éclat sombre des pays chauds. Par derrière elles, des éléphants déroulent leurs trompes et avancent leurs fronts protubérants et tatoués, où se cache la sagesse de Ganesa et qui savent les secrets du vieux monde. Une Océanide en grisaille occupe le soubassement.

« Dans le pendentif de droite, des Indiens et des Chinois abordent à un rivage d'Europe. La jonque bizarre et monstrueuse gonfle sa voile de feuilles de bambou, et un canot amène à la berge, couverte de ballots et de marchandises, différents personnages exotiques, dont les robes de mousseline, les turbans, les ceintures diaprées, font un contraste heureux avec les costumes plus sévères du Nord. La mer, non plus bleue cette fois, mais verte, brode d'une frange argentée les récifs et les fortifications de la côte, et le vent plus âpre lui arrache des lanières d'écume qui s'éparpillent en l'air.

« Comme de l'autre côté, une Océanide aussi en grisaille, mais dans une posture différente (l'une est sur le dos et l'autre sur le ventre), remplit le cartouche inférieur. Ces deux figures ont beaucoup de grâce et de style.

« Ces belles peintures ont un aspect rare et particulier qui les sépare nettement des allégories ordinaires; et pour leur trouver une analogie lointaine, il faudrait remonter jusqu'aux fresques du Primatice à Fontainebleau. Cela est vrai surtout pour les deux tableaux que nous venons de décrire, et qui ont une certaine grâce bizarre et maniérée, un certain charme fantasque dans le goût du Florentin. Pour le caractère général, on pourrait dire que M. Chassériau est un Indien qui a fait ses études en Grèce. Il jette dans le monde antique la beauté inconnue des races nouvelles, ou du moins que jusqu'ici le pinceau a dédaignées : telle de ses figures ne doit pas différer beaucoup du portrait de Sacountala absente, fait par le roi Douchmanta.

« Ce grand travail, si victorieusement mené à bout avec une si superbe maëstria, pose M. Chassériau parmi les deux ou trois premiers noms de l'art contemporain. »

Telle était l'œuvre. Il faut voir maintenant ce qu'en ont laissé les flammes de la Commune et les hivers qui se sont succédé depuis.

Ces dernières années, lorsque le gouvernement et les Chambres commencèrent à se préoccuper de la destination du monument, des amis de l'artiste demandèrent à M. Mercier, le restaurateur du Louvre, d'examiner l'état des peintures et de nettoyer les parties qui pourraient être conservées. Le travail fut fait, sinon pour la totalité des fresques, du moins pour la plus grande partie, et c'est au moment où il venait d'être achevé que je visitai les ruines.

Jamais je n'oublierai l'impression que je reçus de cette visite par une matinée ensoleillée d'été.

On pénètre rue de Lille par une porte ménagée dans la grille qui entoure le palais. Une vieille dame, la veuve du concierge mort de l'effroi que lui a causé l'incendie de l'édifice, sort d'une petite demeure construite sous les voûtes crevées qu'elle bouche en cet endroit, plaquée comme un gros nid d'hirondelle. Depuis vingt ans, elle garde seule ces débris, en compagnie de corneilles, de ramiers, d'oiseaux nocturnes et d'un peuple de rongeurs d'une variété infinie. Elle me livre passage en me prévenant charitablement que des murailles effritées se détachent des pierres et des plâtres qui n'avertissent pas de leur chute.

On avance d'abord avec inquiétude, mais le spectacle qui s'offre est tellement imprévu qu'il s'empare aussitôt de l'esprit transporté brusquement de la ville brillante et affairée dans l'immobilité et le silence de ces pierres mortes. J'avance en brisant les toiles par lesquelles des araignées épaisses qui dorment au milieu de leur travail ont fermé les issues. Rien de curieux comme une promenade à travers le squelette de ce palais qui porte encore les traces de son agonie tourmentée et que la nature envahit déjà et couvre de sa vie ardente et mystérieuse. En haut, des pariétaires dont les

chevelures pleureuses traînent sur les murs écrêtés
et fendus, des barres de fer tortillées par le feu, qui
ressemblent à des serpents noirs déroulés ; en bas,
une poussée de végétation extraordinaire, de véritables futaies jaillies des pavés, de l'asphalte même
que des graines, de simples graines apportées par
les oiseaux, ont disjoint et fait éclater en germant.
On dirait la forêt enchantée du joli conte de M. Alphonse Daudet, reprenant tout à coup possession
d'elle-même dans les habitations des hommes qui
l'ont détruite et les submergeant sous des vagues
de verdure.

On s'aperçoit vite que ces ruines sont de fabrique
moderne, vulgaires comme un article de Paris. Les
souffles qui passent à travers ces arcades vidées par
le feu sentent le pétrole et des visions de pompiers
se détachent sur le ciel bleu. Mais l'âme d'un artiste veille en un coin de ce lieu désert, et telle est
sa puissance qu'elle le revêt immédiatement de la
beauté qui immortalise les monuments retrouvés
sous la poussière des siècles.

Voici l'escalier décoré par Chassériau encore
encombré par les échafaudages que M. Mercier y
a installés. Je reconnais de suite les deux grisailles
par lesquelles Théophile Gautier commence sa
description : d'un côté, l'écuyer qui détache les
chevaux de Guerre ; de l'autre, les trois femmes

qui personnifient le Silence, la Méditation et l'Étude.

En ce moment, un rayon de soleil glissant à travers les obstacles coupe ces sévères figures destinées à vivre éternellement dans l'ombre pâle. Il les éclaire d'un jour joyeux, insolent, qui a l'air de commettre un sacrilège en pénétrant tout à coup dans cette retraite. Elles possèdent le caractère de tristesse fière des grandes douleurs et des grandes résignations, qui sont dignes et muettes. Comme elles sont bien placées là, à l'entrée de cette dévastation, avec leurs attitudes froides qui vous disent : « Ne nous troublez pas, méditez et travaillez devant la leçon terrible qui sort des révolutions ! » Le sentiment qu'elles dégagent est michel-angesque, mais, par la grâce de leurs contours, elles demeurent bien les filles de la postérité de Raphaël. — Sauf quelques craquelures insignifiantes au-dessus du Silence, les deux grisailles se trouvent dans un état de conservation parfait.

En montant, l'Ordre et la Force avec le lion apparaissent dans un cadre d'or. Le groupe admirablement restauré brille d'un éclat si vif qu'on le dirait tout fraîchement peint. Encore quelques marches et j'aperçois l'ensemble de l'œuvre et le désastre.

Voici le panneau de la Guerre. Celui-là est à peu

près perdu. Il n'en subsiste que le groupe des forgerons fabricant des armes. Au-dessus, les dos nus des captives qui figurent dans le Retour de la guerre, ranimés par le travail de M. Mercier, ressortent sur la muraille comme une tache onctueuse et chaude. Ce morceau est succulent, mais avec les cymbaliers à cheval encore assez nettement visibles, c'est tout ce qui reste de cette page magnifique. Par miracle, le feu a respecté la frise des guerriers qui sépare les deux compositions. Pâlies par l'effet des intempéries, ces têtes dignes de l'antique reprendraient sans doute facilement leur premier éclat.

Vis-à-vis, le panneau du Commerce rapprochant les peuples, n'a pas souffert, non plus que l'Océanide en grisaille qui s'allonge au-dessous. C'est un des plus humbles morceaux de l'escalier que cette Océanide destinée à masquer un intervalle, mais c'est aussi l'un des plus jolis. On n'imagine pas la séduction de cette forme féminine, qui semble flotter dans l'eau transparente avec la grâce molle, la fluidité de rêve des divinités fraîches et délicates qui président à la naissance des sources sur les bas-reliefs de Jean Goujon.

Je cherche un peu plus haut la vaste composition de la Paix. Sauf le groupe des femmes allaitant

leurs enfants auprès des moissonneurs, tout a disparu. La flamme s'est arrêtée juste devant une des
jeunes mères qui se tient debout appuyant sur sa
poitrine son nourrisson dont elle baise la bouche.
Quel effet produisait cette femme dans l'ensemble
du panneau? Quelle importance lui attribuait le
peintre? Je n'en sais rien, mais je crois que nous
sommes là en présence d'un pur chef-d'œuvre. On
pourrait détacher cette partie du tableau mural,
l'enfermer toute seule dans un cadre, parce qu'elle
existe par elle-même, qu'elle a une signification
distincte, précise, réalisée dans un type d'une absolue beauté d'art. Avec une ingénuité d'une
douceur incomparable, un sentiment exquis, une
ampleur magistrale, elle représente la maternité,
maternité chaste, saine et tranquille, des filles heureuses qui ont épousé l'homme qu'elles aimaient,
et qui élèvent dans la simplicité de la nature les
beaux enfants qu'ils ont faits ensemble. De quel
geste tendre, fort et charmant, elle enveloppe l'enfant! Comme ce corps est souple et gracieux, et
qu'il est robuste pourtant! Quelle tige superbe d'un
lys épanoui! L'époque où elle a vécu, son pays, sa
race, nous laissent indifférents. Elle peut aussi bien
être née en Grèce au temps de Périclès, ou en
Italie sous le pontificat de Léon X, que de nos jours
sur les bords de la Seine, car elle est éternelle

comme la nature, l'art et l'amour dont elle reflète
l'âme divine.

Une autre mère, jeune aussi, belle aussi, caressant aussi son enfant, qui se jette à son cou dans un élan délicieux, se présente à la pensée qui compare, étonné, malgré la différence de l'interprétation, de retrouver ici l'émotion pure et attendrie ressentie un jour devant le portrait de Mme Vigée et de sa fille. Et puis l'on se rend compte que l'inspiration de Chassériau est plus haute, parce qu'il a généralisé, créant la reine universelle, idéale, de l'amour maternel. Mme Vigée est une mère, mère adorable, mais particulière, que l'on a rencontrée ou que l'on rencontrera dans la vie, tandis que ce sont toutes les mères que symbolise la noble paysanne accomplissant son acte d'amour. La poésie de celle-ci est plus intime, plus personnelle, plus facile à saisir par conséquent, mais dans celle-là que de grandeur, que de majesté!

Ce morceau de fresque suffirait à la gloire d'un peintre, perle rare, unique dans l'École française inféconde et restée tributaire de l'Italie dans le grand art monumental. Ah! si au lieu de resplendir sur les débris d'un palais moderne, en plein Paris, le groupe eût été découvert dans quelque couvent florentin perdu, œuvre présumée d'un maître classé dans l'admiration officielle, nous n'assisterions pas à cette pitié, à cette lente agonie sous l'auvent en planches pourries qui lui sert d'abri depuis vingt ans, en face du Louvre indigné.

Nous n'ignorons pas que des commissions spéciales, des hommes éminents se sont préoccupés de l'état de ces fresques, mais des artistes sont généralement impuissants à se faire écouter, n'ayant pas la voix assez forte pour réveiller les administrations endormies ou distraire de leur besogne les parlementaires dédaigneux des questions d'art dans lesquelles ne se trouvera mêlé aucun intérêt politique ou personnel.

Certes, si Théophile Gautier ne fût pas mort, quel grand cri il eût poussé au nom de la France, au nom de l'art, au nom de son ami! M. Maxime du Camp a raconté d'une manière saisissante la douleur du poëte vieilli et malade, en présence du vandalisme de la Commune* :

« Un jour que j'étais dans la rue de Lille, je vis venir Théophile Gautier appuyé sur le bras d'un de nos amis communs. Ah! le pauvre Théo, comme il était changé, tirant la jambe, appesanti, la joue pendante, les paupières bouffies, la pâleur du visage plus profonde encore que de coutume, les lèvres entr'ouvertes comme pour un cri d'indignation. Il leva les bras en me voyant et me cria : « Et c'est ce « troupeau de malandrins, de cagous, d'incendiaires

* *Souvenirs littéraires* (Hachette et Cⁱᵉ).

« et de meurtriers qui s'appelle le peuple souve-
« rain! » Il marcha jusqu'au palais du Conseil
d'État, il gravit péniblement l'escalier rompu par
les flammes, encombré par les débris tombés des
voûtes, et regardant les restes des peintures de
Chassériau, il y chercha une image qui lui était
chère, il la découvrit presque intacte, par miracle
protégée contre le pétrole, et il eut un mouvement
de joie. Longtemps il resta à la contempler comme
si toute sa jeunesse évoquée du milieu de ces pans
de murs écroulés lui eût apparu et lui eût parlé des
choses d'autrefois. »

Lorsqu'il a écrit ces vers célèbres :

> *Tout passe, l'art robuste*
> *Seul a l'éternité,*

le poëte ne pensait pas à la fureur des révolutions, c'est à elles qu'appartient l'éternité. Tant
qu'il existera des hommes sur la terre, ils se bat-
tront : les uns, pour s'emparer de ce qu'ils ne possèdent pas; les autres, pour défendre ce qu'ils
possèdent. Révolte furieuse contre le sort inique
en bas, égoïsme effrayant et irréductible en haut,
nous avons la guerre civile dans le sang. Il faudrait
que le peuple, généreux dans ses colères tragiques,
s'arrêtât devant l'art, doux aux humbles et aux
déshérités, dont il est le patrimoine insaisissable et

magnifique, la jouissance unique et infinie. Qui de nous ayant pénétré un jour au Louvre, le cœur soulevé de dégoût ou l'âme découragée à mourir, n'a senti l'apaisement descendre et se répandre en lui et devenir du bonheur, du bonheur délicieux comme un délire d'amour qui ne finirait jamais? Dans cette communion ardente avec l'art, dans cet enlacement de tout notre être avec le beau descendu des cieux, quel mépris pour les misères du monde, quelle revanche sur la vie sale, bête et méchante! —Détruire une gare de chemin de fer n'est rien, mais déchirer une page de Vinci ou de Raphaël, voilà le crime, crime contre l'humanité tout entière, car c'est lui arracher un peu de la poésie, un peu du rêve, un peu de l'oubli par lesquels les malheureux sont consolés.

M. Maxime du Camp ne nous a pas dit quelle image cherchait et a trouvée le poète. Chassériau plaçait souvent dans ses compositions les visages qu'il aimait, les belles formes qu'il admirait dans le monde. Ainsi, dans le panneau de la Paix, la Tragédie était représentée sous les traits de Rachel, et la Danse sous ceux de Carlotta Grisi, mais l'une et l'autre ne sont plus visibles aujourd'hui.

A l'issue de ce grand travail, le peintre fut nommé chevalier de la Légion d'honneur.

IX

CHASSÉRIAU atteignait alors trente ans. A cet âge qui est ordinairement celui de l'adolescence de l'artiste, il occupait l'une des premières places dans le grand art contemporain et son nom était célèbre.

Nous avons essayé, par le témoignage des personnes qui l'ont connu, de nous représenter l'homme dans la vie. C'était un mondain de race, une sorte de comte d'Orsay de la peinture. Un artiste qui a conservé de lui un souvenir très présent, M. Aglaus Bouvenne, nous l'a dépeint ainsi : « Théodore Chassériau avait un grand air de distinction. Il était d'une taille élevée. Il portait toute la barbe, qui était noire et extrêmement soignée. Le timbre de sa voix était plein d'harmonieuses sonorités. Il s'exprimait dans un langage choisi, très pur. Instruit, correct dans sa mise, élégant sans affectation, cavalier infatigable, il obtint tous les succès qu'accorde le monde à ses favoris. Habillé dès le matin, il travaillait dans sa tenue de visite. Le paletot de sortie était seul remplacé par un paletot d'intérieur semblable mais un peu moins frais, sous lequel apparaissait toujours un irréprochable gilet de piqué blanc. »

Il était laid avec des yeux qui se remplissaient de lumière à la moindre impression. D'un esprit très original, il aimait à raconter froidement les choses les plus ébouriffantes*, mais cette impassibilité qu'il observait dans le monde n'était pas dans sa nature, au fond impressionnable et violente. Il n'acceptait pas avec résignation ces désespoirs secrets qui bouleversent les âmes des artistes en lutte avec l'idéal. Plusieurs fois il lui est arrivé de jeter au feu des toiles remarquables, sous prétexte qu'elles étaient inférieures à ce que son imagination avait conçu, et de détruire tout d'un coup, dans une crise de découragement, le travail de plusieurs mois. Mais rien ne l'irritait plus que d'entendre dire qu'il imitait Delacroix. Alors il entrait dans des colères

* *L'Artiste,* 1854. M. Armand Baschet.

terribles. Dans les discussions d'art, il devenait éloquent et ne transigeait jamais.

Les femmes occupèrent, dit-on, une trop grande place dans son existence. Bien des visiteuses aristocratiques se succédèrent dans son atelier de l'avenue Frochot, que l'amour de l'art n'attirait pas uniquement.

C'était en 1844 que Chassériau s'installa dans ce petit coin paisible et verdoyant, habité alors par une pléiade de peintres et d'écrivains illustres, qui formaient entre eux comme une colonie d'art. Il occupait une construction située au sommet de l'avenue, où il succédait à Alfred de Dreux. La maison porte aujourd'hui le numéro 15. Des écuries contiguës lui permettaient d'avoir à sa disposition les chevaux qu'il aimait et qui lui servaient de modèles.

Son atelier était célèbre non seulement par l'artiste qui y travaillait, mais encore par la magnificence orientale et le goût pur de sa décoration. Les peintres ne connaissaient pas alors les demeures luxueuses auxquelles ils se sont accoutumés depuis. A la fois artiste et dandy, Chassériau doit être le premier qui ait ressenti le besoin de ces milieux mi-partis de luxe et d'art, devenus presque vulgaires aujourd'hui. Son atelier a été souvent décrit par les chroniqueurs de l'époque, mais ce qu'il y avait de plus curieux n'a pas été révélé.

Près de l'entrée, à gauche, une porte dissimulée s'ouvrait sur une petite pièce meublée comme un boudoir de femme. Aux murs étaient suspendues des toiles de Géricault, d'Alfred de Dreux, de Théodore Rousseau, des aquarelles de M. Cabat, les généalogies de chevaux de race qu'il avait possédés. Le jour pénétrait dans ce sanctuaire par une seule fenêtre donnant sur le chemin de ronde qu'a remplacé depuis le boulevard Rochechouart. Elle était munie d'énormes barreaux de fer, vu l'insécurité du quartier en ces temps lointains. Or cette fenêtre, de mine farouche, possédait un secret charmant. Voici comment nous l'a conté celui qui l'a découvert* : « Un jour que, libre chez le peintre, j'inspectais toutes ses études, ses dessins de voyages, toutes ces choses d'art parmi lesquelles on eût vainement cherché une banalité, je me mis, dans un instant de repos et de réflexion, à regarder par la petite fenêtre. Je fus fort intrigué en m'apercevant qu'une serrure était ménagée dans l'épaisseur de l'un des barreaux. Je me permis de demander une explication au peintre. En souriant finement il introduisit une clef dans la serrure et la formidable fenêtre, qui n'était élevée que de quelques centimètres au-dessus du sol, devint une porte donnant accès au dehors.

---

* M. Aglaüs Bouvenne.

Il n'ajouta pas un mot à cette démonstration; de mon côté, ayant compris, je gardai le silence. »

Une femme a exercé sur lui une influence bienfaisante, par son cœur, par ses relations illustres, Mme Émile de Girardin, alors dans tout l'éclat de sa beauté et de sa renommée. « Que de fois, dit Théophile Gautier*, nous sommes revenus à deux ou trois heures du matin avec Victor Hugo, Cabarrus et ce pauvre Théodore Chassériau, au clair de lune ou à la pluie, de ce temple grec qu'habitait une Apolline non moins belle que l'Apollon antique! Libres soirées, intimités délicieuses, conversations étincelantes, dialogues du génie et de la beauté, banquet de Platon, dont les propos eussent dû être recueillis par une plume d'or, hélas! vous ne les renouvellerez plus : mais ceux qui ont été admis à ces charmantes fêtes de l'esprit ne les oublieront jamais. »

Que ce temps est loin déjà! Les survivants qui peuvent en parler sont rares et très vieux. Il est devenu de l'histoire. A la distance où nous sommes il produit une impression de fraîcheur, de jeunesse et d'éblouissement. Les noms des hommes qui l'ont illustré, romanciers, artistes et poètes, rayonnent semblables à des soleils. Devant ce trou noir qui

* *Vicomte de Launay.* Introduction.

s'ouvre à la fin du siècle, un regret monte au cœur de n'avoir pas vécu pendant ces années d'ivresse et d'illusion, au milieu de cette féerie d'art unique qui s'est appelée le romantisme, parce qu'elle enlevait l'âme humaine aux laideurs et aux tristesses de la réalité dans un rêve d'idéal trompeur et délicieux.

Certes la poésie n'est pas morte, puisque la nature existe. Il y a autant de montagnes, de vallées, de forêts, de lacs, de nuits étoilées, de vieilles cathédrales gothiques, de belles filles et de beaux enfants qu'autrefois. Elle n'est pas morte assurément, mais elle dort, parce que les magiciens qui savaient la réveiller ne sont plus là.

Il avait été présenté à Mme Émile de Girardin tout jeune, à ses débuts, et il resta toute sa vie sous le charme de celle qui fut nommée « la Muse ». La légende prétend qu'il a donné aux épaules de sa Suzanne la grâce fuyante et la splendeur un peu lourde des épaules de son amie. Il dessina les costumes des personnages de *Judith*, pièce qu'elle fit représenter au Théâtre-Français avec Mlle Rachel pour interprète du rôle de l'héroïne juive. Les critiques en rendirent compte comme d'une exposition d'art. Voici ce qu'écrit Théophile Gautier* :
« Les costumes de Mlle Rachel sont d'un goût,

* *L'Art dramatique en France.*

d'une sévérité et d'une richesse rares. Son costume
de deuil, au premier acte, si noblement et si chas-
tement drapé; au second acte, sa robe pâle, con-
stellée d'or, son manteau de pourpre, heureuse
association de nuances, son écharpe orientale cha-
marrée de dessins et de broderies merveilleuses, les
cascades de perles qui ruissellent de son cou sur sa
poitrine et ses épaules, la magnificence biblique de
ses pendants d'oreilles et de ses ornements de tête,
la rendaient la Judith la plus noble et la plus splendide qu'un poète et qu'un peintre pussent rêver.
Aussi l'un de nos jeunes artistes, M. Théodore Chassériau, qui possède au plus haut degré le sentiment
de l'antique, en avait-il fait les dessins, suivis par
Mlle Rachel avec une docilité digne de son esprit et
de son intelligence. Le costume du troisième acte
est tout simplement de Raphaël, c'est assez dire
qu'il est d'un goût charmant et d'un caractère
exquis. »

Mᵐᵉ de Girardin mourut deux ans avant lui.
Il fit de mémoire le meilleur portrait que nous
possédions de cette souveraine de l'art. D'un génie
créateur moins puissant et moins poétique que
George Sand, elle eut ce qui manquait à celle-ci,
l'esprit dans les lettres et dans la conversation, et
quel esprit! George Sand l'aimait à sa manière.
Elle la visitait souvent dans le temple de la rue de

Chaillot, satisfaite de fumer à ses côtés, silencieusement, son éternelle cigarette, en poursuivant son
rêve.

Comme on lui demandait un jour s'il existait un
portrait ressemblant de Mme de Girardin, « oui, répondit-elle, un dessin de Chassériau gravé par
Blanchard. C'est ce que l'on pouvait sentir de
mieux pour résumer les deux types de beauté qui
s'appellent Delphine Gay et Mme de Girardin, la
jeune fille dans la première fleur de son inspiration
et la femme de génie en possession de tout son
éclat. »

Il faut rappeler ici, à côté du portrait de l'amie,
le dessin qu'il fit pour l'ami, — un Théophile Gautier superbe, au sommet de la jeunesse, bien différent du gros homme bouffi et barbu, débraillé,
coiffé d'une calotte d'où s'échappent les cheveux
grisonnants et lourds, que représente une eau-forte
merveilleuse devenue célèbre*, mais qui cause une
impression de désenchantement comme la chute
d'une illusion. Les poètes qui ont chanté l'amour
doivent, pareils aux dieux de l'Olympe, ne jamais
vieillir. Le dessin de Chassériau parut dans *l'Artiste*
en 1849. Le poète est de face, vêtu d'une veste
turque, la moustache fière coupant le visage rasé,

---

* Exécutée par M. Bracquemond pour le recueil intitulé : *Le Tombeau
de Théophile Gautier* (Lemerre, 1873).

la chevelure répandue autour de son large front et
roulant en ondes souples sur ses épaules d'athlète,
l'air magnifique et insolent, tel qu'il s'est représenté lui-même à son retour d'Afrique dans les vers
orgueilleux :

> *Je suis jeune ; la pourpre en mes veines abonde,*
> *Mes cheveux sont de jais et mes regards de feu,*
> *Et sans gravier ni toux ma poitrine profonde*
> *Aspire à pleins poumons l'air du ciel, l'air de Dieu.*

Dessiner était pour Chassériau un délassement,
un jeu auquel il se plaisait dans l'intervalle de ses
grands travaux. Dans les salons qu'il fréquentait, il
a fait pour ainsi dire à la volée, en prodigue, d'innombrables portraits à la mine de plomb. On com-
poserait, en rassemblant toutes ces pages dispersées, une galerie des femmes et des hommes qui
occupaient une place dans le monde parisien,
étoiles par la beauté, l'esprit, le talent, le génie.
Parmi les portraits que nous avons pu voir, outre
ceux de Mme de Girardin et de Gautier, nous nous
rappelons les portraits de MM. de Tracy, Alexis de
Tocqueville, de Lamartine, Cabat, Yonking, Chevandier de Valdrôme, le vicomte Delaborde, Émile
de Girardin, Victor Hugo, Dumas père, Ravaisson,
le général Marbot, la princesse Belgiojoso, la comtesse d'Agoult, la princesse Cantacuzène, la com-

tesse de Stackelberg, Mlle Marie de Tracy, ce dernier d'un charme inoubliable.

Il y a bien des manières de dessiner. Entre le dessin miraculeux d'Ingres, dont le trait pur, seul, atteint à l'effet de modelé, et le dessin de Delacroix qui donne des impressions de mouvement, celui de Chassériau se place naturellement comme s'il eût transformé, en les fusionnant, les deux arts opposés. Ayant commencé par imiter son maître dans les œuvres de jeunesse d'une beauté antique, il modernisa sa ligne, lui communiqua ce je ne sais quoi de souple, de gracieux, d'élégant qui était dans sa nature d'artiste; tout en restant simple et franche elle exprime le mouvement, l'abandon, la vérité de la vie.

Mme de Courbonne, dont le salon était alors célèbre, ayant demandé à voir le portrait de Mlle de Tracy, devenue depuis peu Mme de Magnancourt, écrivit à Chassériau un billet dans lequel se trouve défini d'un trait son talent original de dessinateur. C'est le jugement d'un critique de profession fondu dans le ton exquis d'une femme distinguée, sensible à la beauté de l'art. Voici ce morceau délicat:

« Mme de Magnancourt est chez moi depuis hier soir, monsieur, plus ravissante que jamais, animant mon salon par sa grâce pleine de vie et de charme

vivace, elle parlerait si vous vouliez, et je ne suis pas
sûre qu'elle ne me dise pas *tout bas,* lorsque je l'exa-
mine, quelques-unes de ces jolies choses qui embel-
lissent si bien sa beauté ! C'est le mouvement gracieux d'une personne qui va marcher et causer :
jamais je n'ai vu un si charmant portrait. Quelle
finesse ! Vous vous plaisiez dans votre ouvrage, il
est soigné, caressé avec un art inimaginable !

« Quel talent ! Avoir ainsi surpris la nature. Re-
merciez Dieu, car le ciel est pour quelque chose
dans cet art miraculeux de *faire vivre.*

« Permettez-moi de garder encore un peu cette
délicieuse société. Il n'y a pas de solitude avec
elle. »

10 avril 1852.

Chassériau fut un des hôtes du manoir de Paray
le Frésil, en Bourbonnais, retraite de M. Victor de
Tracy, dont les paysages doux ont été tracés à
l'*aquarelle** par la plume vive et spirituelle de Mme de
Tracy dans des pages trop peu connues**. Après
la mort de cette femme supérieure, il exécuta son
portrait de mémoire. Elle est représentée de côté,

---

* Sainte-Beuve. *Causeries du lundi.* 2 février 1857.
** *Essais, lettres et pensées.* 3 vol. Plon, 1855.

dans une attitude bizarre qui sans doute éveillait
un souvenir chez l'artiste. Les traits vigoureusement
accusés, l'éclair du regard, produisent l'impression
d'une âme énergique et d'un esprit brillant. Il est
regrettable que ce portrait, exécuté pour une famille
attristée, n'ait jamais été exposé.

X

Toujours dans l'œuvre des maîtres il se trouve une page que l'on préfère, et souvent ce n'est pas la plus célèbre ni la plus enviée, ni la plus forte. C'est la plus ensorcelante. Si j'avais à choisir dans l'œuvre de Chassériau, je demanderais la Nymphe ou la Baigneuse endormie échouée au musée d'Avignon. Cette peinture me fut révélée il y a plusieurs années, par hasard.

Envoyé un jour en mission auprès du conservateur de ce musée, j'arrivai à Avignon au moment où un orage affreux se préparait. Il faisait si noir que sans les éclairs qui déchiraient de temps en temps l'obscurité, il n'eût pas été possible de se

conduire à travers les rues. Je me présentai de suite
au musée, où l'on m'indiqua au fond d'une cour
le cabinet du conservateur. Je frappai. Une voix
cassée et douce de vieillard, très lointaine, prononça : « Entrez. » Je poussai la porte. A ce moment
un éclair jeta une lueur fantastique et je m'arrêtai
stupéfait. J'avais entrevu subitement réalisé dans la
vie par une transposition surnaturelle un des personnages les plus extraordinaires qu'ait conçus le
génie de Rembrandt. Tout au fond d'une vaste pièce,
auprès de l'unique fenêtre, assis devant un gros
livre ouvert, un homme très âgé, à barbe blanche
embroussaillée, coiffé d'un bonnet de fourrure, le
corps perdu dans une houppelande extravagante,
semblait enfoncé dans une méditation profonde. Il
ne bougeait pas et continuait sa lecture de façon
que, l'illusion persistant, je m'étais arrêté très ému
au milieu de ma route. Enfin il leva les yeux, et,
s'apercevant que je n'étais pas le visiteur qu'il attendait sans doute, il me fit signe de m'approcher et
me demanda ce que je voulais. Troublé, incapable
dans mon état d'esprit présent de traiter une question d'affaires, je m'embrouillai, et sentant que je
me perdais, je lui avouai bonnement l'émotion qu'il
avait éveillée en moi dans l'effet rapide de clair-
obscur produit par le feu du ciel. Il sourit et dit :
« Quoique je sois bien vieux, ce n'est pourtant pas

moi qui ai servi de modèle à Rembrandt. Allons,
entrons dans le musée, puisque vous êtes amateur.
Pendant que vous regarderez mes tableaux, je pen-
serai aux propositions que vous m'apportez. »

Le musée est intéressant, malgré l'abondance des
Vernet qui s'y trouvent réunis. Comme je quittais
un calvaire admirable de Van Eeckout, une grande
toile de M. Roll m'accrocha l'œil. « Ça, dit le conservateur qui me suivait en me fournissant des
explications, c'est l'œuvre d'un jeune homme qui
a, paraît-il, une certaine réputation à Paris. Pour
moi, je trouve que cette toile serait beaucoup mieux
au grenier, où je suis obligé de laisser de fort belles
choses faute de place; mais voilà, c'est un cadeau
de l'État... » — Je compris la commotion qu'avait
dû ressentir ce vieillard immobilisé dans sa province et dans le passé en déballant cette page claire
d'une modernité insolente, mais naturellement je
m'associai à son sentiment et le priai de me montrer les trésors de son grenier. Il me conduisit sous
les toits dans un galetas encombré de toiles sans
cadres dont les surfaces peintes étaient tournées du
côté des murailles. Un serviteur nous ayant suivi,
retourna brusquement la première qui s'offrit, et je
me trouvai tout à coup en face d'une jeune femme
nue d'une forme admirable, endormie dans une
forêt, se détachant toute blanche sur les feuillages

d'un vert puissant et sombre. Était-ce Diane? Était-ce Vénus? Était-ce Psyché?

Les mains croisées en arrière supportent la tête qui paraît dans l'encadrement des bras et présente un visage fin, mignon, délicieux, tandis que le corps souple, abandonné dans le sommeil, s'allonge, une jambe pliée, dans une pose si aisée, si naturelle, qu'il a l'air tiède et vivant et qu'on croit entendre le bruit de ses soupirs légers. Et par une audace inspirée du peintre, dans le creux de l'aisselle une mousse fine mettant son ombre blonde ajoute à la réalité et fait couler sur ce corps la poésie divine des strophes du *Musée secret**. Instinctivement la voix hésite, comme si elle risquait de troubler ce repos gracieux et dissiper le charme de l'adorable vision.

Elle évoque d'abord le souvenir de l'Antiope du Titien, mais la féminité et l'interprétation diffèrent visiblement. Outre que l'Antiope est plus mûre, son sommeil n'est point si profond qu'elle ne se sente admirée. Il y a comme un geste dans sa main ramenée, un sourire sous ses paupières closes et sur ses lèvres une malice errante. Ce n'est pas le même culte que leur rend l'esprit enchanté. L'une éveille le désir, l'autre appelle l'amour.

* Émile Bergerat, *Théophile Gautier. Entretiens, souvenirs et correspondance*.

Le regard glissant sur ces lignes pures, sur ces
douces vagues de chair qu'accuse un modelé délicat et harmonieux, cherche en vain une tare, un
défaut, depuis le coude relevé en pointe au-dessus
de la tête jusqu'au bout du pied posé à plat sur
l'herbe. Et devant cette perle sans tache, l'on se dit
que la nature, productrice indifférente et grossière,
ne l'a pas livrée ainsi à l'artiste dans cette perfection
finie, et l'on s'étonne alors qu'il ait pu communiquer à ce point la vie, la puissance de charmer à
une création arbitraire de sa pensée, fabriquée avec
des morceaux de beauté pillés au hasard de ses
modèles et de ses souvenirs.

Comme j'essayais de lire le nom du peintre disparu sous une couche de crasse, le conservateur me
dit : « C'est de Chassériau, un beau morceau de
peinture, hein?

— Pourquoi le laissez-vous donc moisir au grenier? » répondis-je.

Les petits yeux gris du vieillard brillèrent, et
avec un sourire polisson, il dit : « Pas possible, c'est
le portrait de Mlle X...

— De Mlle X...?

— Oui, tout le monde sait que c'est Mlle X... Je
ne peux pourtant pas l'exposer toute nue dans le
musée. »

Alors, moi aussi, je me mis à rire.

« Mais, monsieur le conservateur, ce tableau, il vous agite, vous, parce que vous avez connu le modèle ; mais pour nous, Mlle X... est perdue autant qu'Aspasie. Vous n'avez pas le droit de nous priver de cette page ravissante. »

Alors la sensation que j'avais subie s'expliqua. Le modèle avait vécu de la vie mortelle, et de l'association mystérieuse de l'amour et de l'art était sortie la plus délicieuse nymphe qui se fût jamais endormie au fond des bois.

Les amours du peintre étaient chauds, violents, rapides. Voici l'histoire qui me fut dite plus tard, à propos de ce tableau, par un contemporain auquel je contais ma trouvaille dans le galetas de ce musée de province.

Un jour, Mlle X... se trouvant dans l'atelier de son amant, elle avisa une toile représentant une reine d'Espagne, étude faite d'après le Greco. C'était un morceau merveilleux, ayant valu à l'auteur les compliments d'Ingres lui-même, dont la sincérité rude et chagrine ignorait l'art de flatter. « Un maître interprété par un maître, » avait dit l'illustre directeur de l'école de Rome. — Fier de son œuvre, Chassériau avait refusé de s'en séparer et annoncé à Frédéric qu'il la destinait à leur famille. Si elle demeurait encore dans l'atelier, c'était pour recevoir les hommages publics qu'elle

méritait avant de disparaître pour toujours dans
l'intérieur modeste de ceux qu'il aimait et qui atten-
daient avec impatience ce souvenir de leur frère
glorieux.

« Donnez-moi cela, » dit la jeune femme qui s'y
connaissait.

Chassériau, embarrassé, expliqua que la toile ne
lui appartenait plus.

« Donnez-moi cela, » reprit-elle, et devant le
refus persistant du peintre, elle insista avec l'assurance d'une maîtresse aimée et d'une femme qui ne
rencontrait jamais un obstacle à ses désirs les plus
fous. Il résista longtemps, offrit d'autres tableaux,
tout ce que renfermait son atelier, mais par une pente
naturelle de l'esprit féminin, elle s'obstina à mesure
qu'il résistait. A la fin, il refusa brutalement, puis,
tout à coup, fut vaincu. Qui s'en étonnerait?

Quelque temps après, comme il déjeunait chez
sa maîtresse, on annonça l'encadreur. Il apportait
le tableau qui lui avait été confié par Mlle X...
triomphante, au sortir de l'atelier.

« Placez-le dans le salon, dit-elle, nous irons le
voir tout à l'heure. »

Le déjeuner achevé gaiement, le couple pénétra
dans le salon. Là, à la vue de l'œuvre qui lui avait
été arrachée, le peintre, soudainement pris de re-
mords, honteux de sa faiblesse, entra dans un accès

violent de rage, s'empara d'un couteau, en frappa plusieurs fois le portrait au visage, puis disparut.

Rentré chez lui, il y trouvait sa toile avec l'avis de ne plus paraître jamais devant Mlle X...

Le lendemain, Théophile Gautier, l'ami des deux amants et le confident de leurs amours, ignorant la rupture, se présentait chez Mlle X..., qui lui apprit aussitôt l'offense qui venait de lui être faite et le renvoi de son tableau à l'artiste.

Le poète, qui la traitait en camarade, s'écria : « Imbécile, ça se reprise, ces choses-là ! »

La dame comprit la faute qu'elle avait commise, ayant perdu à la fois l'ami qu'elle chérissait et une œuvre magnifique d'un grand peintre. — Puis des années s'écoulèrent, Chassériau fut enlevé par la mort. Des années s'écoulèrent encore. Les générations nouvelles, entrées sur la scène du monde, considéraient avec étonnement l'épopée superbe et naïve du romantisme semblable à une croisade lointaine et fabuleuse et souriaient de cette chevalerie artiste qui, au lieu de lutter pour l'argent, se battait uniquement pour la gloire et sa foi exaltée. Alors, la reine d'amour, détrônée, disparue comme une étoile filée, ayant survécu aux compagnons illustres dont elle avait enchanté la vie, à l'heure crépusculaire où montent à la pensée les doux et charmants souvenirs de la jeunesse, s'aperçut que son cœur ne

s'était donné qu'une fois. Elle résolut de se consacrer à la mémoire qui se réveillait ainsi en elle
avec une douceur et une tristesse infinies, et chercha
à réunir quelques œuvres du peintre pour vivre
avec sa pensée, avec l'âme de l'artiste dont elle
avait réalisé le rêve par l'offrande de sa merveilleuse beauté et qui l'avait payée en la plaçant dans
ce ciel d'art où brillent les maîtresses immortelles,
les Fornarina, les Monna Lisa et les Lucrezia Buti.

Or, un jour, le hasard lui livra le portrait qui
avait causé la séparation. Théophile Gautier ne
s'était pas trompé. Ses blessures cicatrisées par
le pinceau du peintre ne paraissaient plus. Il figure
maintenant à la place d'honneur, dans le salon
d'autrefois, et elle dit aux visiteurs qui l'ont connu :
« Il a mis trente-cinq ans pour me revenir ! J'espère
que Théodore m'a pardonné. »

Cette amie du peintre est morte au moment où
ces pages s'imprimaient. C'est Mlle Alice Ozy. Elle
ne les aurait pas démenties. Outre le tableau,
d'après le Greco, elle possédait de Chassériau une
Desdémone d'un coloris merveilleux et une Tête
d'enfant d'un caractère antique, portrait d'un petit
garçon qui broyait les couleurs des élèves à l'atelier
d'Ingres. Elle avait donné au Louvre la Suzanne,
une des premières grandes compositions dont nous
avons parlé.

Son âme n'était pas vulgaire. Elle avait du goût pour les arts et savait conserver dans sa vieillesse retirée des amitiés illustres. Par sa beauté délicate et pure, ses grâces mousseuses, son esprit à la fois naïf et fin, ses instincts pratiques qui l'ont conduite à l'opulence au milieu d'une vie extravagante, elle a personnifié assez exactement la galanterie d'une époque qui ne comportait plus les Marion Delorme et les Ninon de Lenclos.

Aujourd'hui, la nymphe endormie, tirée de l'obscurité du grenier où la pudeur du vieux conservateur l'avait reléguée, figure, dans un cadre tout neuf, à l'hôtel de ville d'Avignon. Sans doute, le maire intelligent et ami des arts qui l'a placée en ce lieu, a voulu, par le spectacle de ce corps admirable, impressionner les jeunes gens qui se rendent à la salle des mariages et les disposer à faire de beaux enfants pour la cité. Il pensait comme Simonide, en sa chanson : que la beauté est la première condition du bonheur.

Ne faut-il pas placer ici une pièce de vers* adressée au peintre à la suite d'un désastre d'amour? Si la forme de ces vers est un peu molle et flottante, ils expriment des sentiments frais et naïfs, d'une jolie

---

* *Pâques fleuries*, par Alfred Asseline. La Préface par Jules Janin. (Amyot.)

grâce. Et puis l'auteur est mort à vingt ans. N'était-il
pas juste de rappeler son nom modeste à côté du
nom de son grand frère d'art?

A TH. CHASSÉRIAU

Sur vos toiles toujours que la femme soit belle!
Que l'homme reste jeune et toujours amoureux!
Que l'oiseau chante aux bois! qu'aux cieux l'astre étincelle!
La lumière et les chants sont faits pour l'homme heureux.

Mon ami, n'allez pas nous peindre la nature
Morne et triste, engourdie aux vents glacés d'hiver!
Qu'un autre aime la neige; aimez, vous, la verdure!
Mettez des fleurs aux champs et des parfums dans l'air!

Peintre, si vous voulez! Soyez un peu poète.
Ce qu'on veut rendre, il faut avant tout le sentir.
Beaucoup font leur forêt; avant de l'avoir faite,
Bien peu près d'une femme y sont allés dormir.

Au lever de la lune, à l'heure solennelle
Où la nature et Dieu poursuivent leurs discours,
Vous prendrez par la main votre amante plus belle,
Et les bois vous diront le secret des amours.

Et dès l'aube au travail, cœur ému, main facile,
Quand vous retoucherez votre œuvre au chevalet,
Sur l'atelier où l'art à l'amour donne asile,
Je ne sais quoi de doux jettera son reflet!

XI

L E *Tepidarium* est la page maîtresse de Chassériau. Par la conception, la composition et l'exécution, elle satisfait entièrement l'esprit, de même que par l'abondance et la qualité de l'art elle plonge l'âme dans cette sensation de plein bonheur que seuls procurent les vrais chefs-d'œuvre. Ce jeune génie est bien le frère des génies qui ont créé l'Entrée des Croisés et l'Apothéose d'Homère. Dans un baiser délicieux et profond, la couleur animée et chaude de Delacroix, la ligne pure et froide d'Ingres se fondent si harmonieusement que le peintre semble avoir réalisé, par un effort d'art suprême, le rêve de beauté surnaturelle qui hantait son imagination aux vastes ailes.

Le *Tepidarium* a été acheté par l'État. Il figure

au Louvre, après avoir traversé le Luxembourg. Paul de Saint-Victor, dans la revue qu'il a faite des œuvres placées dans ce musée, lui a consacré une page d'une appréciation sobre, concentrée et puissante. Voici comment il s'est exprimé* :

« ... Le Luxembourg a son meilleur tableau, le *Tepidarium*, une des plus belles toiles qu'ait inspirées le ressouvenir de la vie antique. Au centre d'une salle spacieuse et profonde, dont des hercules de bronze supportent le plafond voûté, une femme demi-nue étend ses bras énervés par le bain, avec la mollesse du réveil. Auprès d'elle, une jeune fille blonde, assise sur un escabeau, tourne sa tête vers la baigneuse triomphante. Derrière ce groupe, s'étendent deux files de figures rangées autour d'un brasier; mélange charmant et superbe de femmes de toute race et de tout climat. Une Grecque, les jambes croisées sous sa draperie, appuie sur son poing fermé sa tête funeste, aux yeux noirs. Vous diriez Melpomène sortant du bain de sang des dénoûments tragiques et méditant de nouveaux carnages. Une autre, plus sombre et plus morne encore, se sèche en avançant les mains aux flammes du brasier. Le reflet ardent lèche son torse et le colore des teintes de l'airain. Son visage semble engourdi par

* *Paris-Guide*, L'Art.

un rêve obscur; il exprime une satiété mystérieuse.
Ainsi doit rêver Proserpine, assise sur son trône
d'ébène, devant la fournaise des enfers. A côté
d'une patricienne romaine, assise dans une attitude impérieuse, une fille de l'Orient entortille ses
bras au dessin de l'estrade, avec la souplesse d'un
serpent qui se déroule au soleil. Rien de plus sérieux
que cette scène en apparence familière. Elle respire
la sombre volupté des Thermes qu'a chantés Pé-
trone et que Juvénal a flétris. Vous devinez que ces
jeunes femmes cuvent, dans l'apathie du bain, les
ivresses de l'orgie romaine. Vous découvrez les
mystères de Caprée sous le masque impassible de
leurs beaux visages... L'adultère repose endormi
entre ces deux sourcils noirs; les secrets de Locuste
contractent ce front replié, ce pouce délicat or-
donne au gladiateur de mourir, ces mains effilées
enfoncent de longues épingles d'or dans la gorge
de l'esclave maladroite ou tardive... Écoutez! au
fond de la salle, un homme râle, les quatre veines
ouvertes, dans la cuve sanglante de Sénèque...
Aussi, des pensées se dégagent de cette scène las-
cive; l'artiste l'a marquée au cachet sévère de l'histoire. On songe à la Rome de Tacite devant le
Tepidarium de Chassériau. »

Parfois l'on a reproché à Chassériau de négliger
l'étude de la nature, de peindre de souvenir en

s'abandonnant à son imagination. Ainsi l'aisance magnifique de son pinceau le fit comparer au Primatice, cet ouvrier d'un art de décadence, séduisant, mais superficiel et malade. La nature seule peut réparer les forces de l'artiste. Sans cette nourrice robuste et saine, inépuisablement généreuse, qui lui verse son sang épais et riche, il chancellerait et succomberait dans sa lutte avec l'idéal comme chancelle et tombe dans l'arène l'athlète vaincu. Or, Chassériau, l'ancien élève d'Ingres, ne la dédaignait pas, mais il la traitait, du haut de sa fierté de prince de l'art, en esclave. Voici comment il procédait : il appelait le modèle, travaillait longuement avec lui, le fatiguant de ses exigences, lui imposant de véritables tortures, puis, l'attitude, le geste qui répondaient à sa conception d'art ayant surgi tout à coup, il le congédiait brutalement parce qu'il gênait alors l'inspiration dont l'heure approchait. La partie matérielle, humaine de son œuvre était terminée; il attaquait celle qui ne s'apprend pas, qui est surnaturelle et divine. De quoi lui aurait servi le modèle, ce lien mortel qui le rattachait à la terre, au moment sacré où l'artiste éperdu, ivre d'infini, accomplissant malgré lui un travail mystérieux, revêt la matière grossière d'un reflet de l'éternelle beauté? Peut-être dans sa fièvre aura-t-il commis des fautes, des incorrections que relèveront des

professeurs et des critiques jaloux, mais si l'âme re-
muée et charmée s'associe à l'émotion du peintre, le
but est atteint, l'œuvre d'art existe. Même sa vie est
d'autant plus intense que l'ouvrier dans son extase
a oublié la misérable humanité dont il se servait.

Dans le *Tepidarium*, création purement arbitraire, où il ne pouvait s'aider d'aucun souvenir,
Chassériau, pour régler son imagination, employa
constamment le modèle, — mais combien sont divines et mystérieuses les sources de l'art! Tandis qu'il
cherchait, étudiait, combinait les poses de ces bai-
gneuses assemblées de façon à produire des effets
variés sans nuire à la juste harmonie de l'ensemble,
la créature superbe qui occupe le centre du tableau
et l'éclaire de sa lumineuse nudité, est descendue
sur la toile d'une coulée comme un flot de poésie
antique. Ainsi ce rythme du corps hanché, ce voile
aux plis savants, aux découpures d'aile, cette tête
de camée, cette draperie fuyante sur la cuisse, ac-
cord de beautés pures qui donnent l'impression
d'une statue milésienne, gloire d'un Phidias inconnu,
sont apparus à l'artiste au feu d'un éclair déchirant
pour lui, un instant, l'épaisseur obscure des siècles.

Par un sort contraire, la jeune femme assise au
premier plan, à gauche, enveloppée d'un vêtement
blanc, à laquelle le peintre a donné le visage patri-
cien, les yeux immenses, mornes et fiévreux de sa

sœur aînée, lui a coûté de pénibles efforts. Cette pose alanguie, si simple, si naturelle, ne lui a été révélée qu'après de longs essais et d'amers découragements.

Un poète né dans la même patrie que Chassériau a été hanté du même rêve. Et, chose curieuse et charmante, il a fixé sa vision par des mots d'une puissante beauté qui produisent la sensation plastique de l'œuvre du peintre comme s'il avait voulu lutter avec son aîné glorieux dans sa forme d'art. Voici ces vers qui semblent écrits avec le pinceau du maître* :

LE TEPIDARIUM

La myrrhe a parfumé leurs membres assouplis.
Elles rêvent, goûtant la tiédeur de décembre,
Et le brasier de cuivre illuminant la chambre
Jette la flamme et l'ombre à leurs beaux fronts pâlis.

Dans les coussins épais, sur la pourpre des lits,
Sans bruit, parfois un corps de marbre rose ou d'ambre
Ou se soulève à peine ou s'allonge ou se cambre.
Le lin voluptueux dessine de longs plis.

Une femme d'Asie, au milieu de l'étuve,
Sentant sur sa chair nue errer l'ardent effluve,
Tord ses bras énervés dans un ennui serein.

Et le pâle troupeau des filles d'Ausonie
S'enivre de la riche et sauvage harmonie
Des noirs cheveux roulant sur un torse d'airain.

* *Les Trophées*, par José-Maria de Heredia (Lemerre, éditeur).

XII

Les grands peintres sont des poètes épiques. Leurs poèmes de couleur vous ouvrent le vaste monde, car ils contiennent l'idylle et le drame, la nature et l'humanité et l'esprit divin descendu de ses demeures éternelles. Bientôt je touche au terme de mon voyage d'art à travers l'œuvre virgilienne de Chassériau, voyage d'où l'on revient comme l'on sort d'un rêve délicieux, l'âme encore enivrée de bonheur et saisie déjà d'un regret douloureux à l'aspect de la réalité dans laquelle, avec une sensation indéfinissable d'oppression, elle retombe tout à coup. J'ai écouté le rythme des flots frappant les rivages de Grèce comme des fins de vers; j'ai bu les souffles parfumés des lauriers en fleurs tandis que les cavaliers splendides du désert, graves sur leurs coursiers légers, passaient à l'horizon; les belles filles bibliques m'ont dit le mystère de leurs yeux profonds et les fières patriciennes m'ont enseigné la volupté romaine; auprès de la douce vierge Marie je me suis agenouillé devant le Sauveur du monde, à côté de moi Desdémone s'est parée pour la nuit fatale et Vénus sortie de la mer a tordu ses cheveux blonds, — et voilà que tout pâlit, s'efface, et que le spectacle oublié de la vie s'offre dans sa laideur moderne. Quel dégoût et quelle épouvante! Les bruits de la rue qui s'enfoncent dans la chair comme des lames, la vue de mes tristes compagnons d'humanité courant après de l'argent pour se procurer du pain ou de faux plaisirs, le ciel bleu souillé par des fumées, nos appartements qui ressemblent à des cages, l'appareil de notre civilisation outrée tombant sur les épaules brutalement au sortir de cette vision enchantée, de ce bain de lumière, tout cela a quelque chose d'accablant, d'irritant et de honteux qui impose un besoin irrésistible d'air, de liberté, et d'amour — et l'on s'aperçoit avec une lassitude, une mélancolie infinies, que pour être heureux il faut se réfugier dans l'art — ou mourir.

Dans les dernières années de sa vie, le peintre, comme s'il eût été averti par un instinct secret du voisinage de la mort, abandonna les sujets qui plai-

saient à son inspiration romantique. Son pinceau
ne promène plus sa caresse artiste sur les corps charmants des femmes qu'il avait aimées dans le monde
ou qu'il créait dans ses rêves de beauté. On dirait
que sa pensée devient grave et recueillie. Il exécuta
les peintures de la chapelle des Fonts baptismaux à
Saint-Roch, de la coupole de Saint-Philippe-du-
Roule, le Vercingétorix défendant la patrie sacrée;
et lorsque la mort le surprend, c'est à une Nativité
qu'il travaille.

Il avait pourtant déjà traité deux fois ce sujet.
Nous avons vu de lui deux *Nativités* restées inconnues du public et qui ne sont pas des œuvres inférieures. L'une et l'autre datent de ses années de
force. Ce mythe charmant devait le séduire, car jamais la poésie n'est descendue sur la terre sous une
forme plus divinement belle, — la vierge-mère,
c'est-à-dire la jeune fille dans la douceur et la grâce
de son ingénuité, et en même temps la femme dans
sa tendresse épanouie après la visite de l'amour.
C'est elle qui trouble Renan, en prière devant
l'Acropole, par le souvenir des cantiques que lui
avaient appris « les magiciens barbares » de son
pays, — et le savant empoisonné de science murmure : « Salut, étoile de la mer, reine de ceux qui
gémissent en cette vallée de larmes, rose mystique,
tour d'ivoire, maison d'or, étoile du matin... »

malgré lui le cœur noyé de poésie. — Les magiciens barbares auraient pu ajouter dans leurs cantiques qu'elle est la reine de l'art. Junon est orgueilleuse, Diane sauvage, Minerve sévère, Vénus
capricieuse, aucune création imaginaire ne remplit
l'âme comme cette fille de Judée donnant le jour
à un Dieu dans une étable en conservant sa virgi-
nité pure. Depuis les primitifs qui l'ont évoquée
sur fond d'or, elle a traversé les rêves de tous les
maîtres et est demeurée la fleur idéale qui ne se
cueille jamais, parce qu'il est au-dessus du génie
d'exprimer, par ses moyens matériels, cette adorable chimère, la jeune fille immaculée et la jeune
femme dans sa gloire maternelle.

Chassériau a représenté la scène des deux Ado-
rations, celle des Bergers et celle des Mages. Dans
la première, la vierge symbolise la femme du peuple,
la compagne du charpentier, la sœur des pauvres
gens. Elle tient sur ses genoux l'enfant Jésus, qui
tend ses petits bras vers les humbles offrandes
qu'apportent de misérables bergers demi-nus. L'un
de ceux-ci, en pénétrant dans l'étable, élève au-
dessus du groupe de ses compagnons prosternés
une couple de colombes par un geste d'une grâce
extrême. Cette page est d'un sentiment doux, in-
génu, familier.

Dans l'autre, sur un fond si lumineux qu'il semble

fait de poussière d'or, se détache l'ovale délicieux
du visage de la vierge. Les traits sont les mêmes,
mais plus fins; le cou est plus allongé, la taille plus
dégagée. Les bras nus, d'une forme admirable, sortant tout entiers du vêtement, produisent une impression de beauté qui nuit au caractère de la scène
chrétienne. C'est la vierge des gens heureux, la
reine des rois. A l'enfant endormi les mages offrent
leurs magnifiques présents, tandis qu'apparaît à
l'entrée du lieu sacré la tête biblique d'un chameau
que retiennent des serviteurs. Au ciel brille l'étoile
qui a guidé les rois pasteurs. — Le tableau est rempli, riche, d'une couleur superbe, d'un aspect oriental séduisant, et je ne sais néanmoins si je ne lui
préfère pas l'Adoration des Bergers, simplement
pour le geste du jeune garçon qui apporte au Dieu
nouveau-né ses deux colombes, car ce geste est
d'inspiration divine.

Comme on puise dans une coupe antique remplie de pierres précieuses, j'ai puisé dans l'œuvre de
Paul de Saint-Victor deux morceaux de sa prose
semblables à des onyx sculptés, consacrés aux dernières décorations murales de Chassériau. La con-
tagion du beau réalisé par le peintre gagne le critique qui, à son tour, accomplit un ouvrage d'art.

LA CHAPELLE DE SAINT-ROCH

« M. Théodore Chassériau vient de terminer à
Saint-Roch les peintures murales de la chapelle
des fonts baptismaux. Ses travaux du Conseil
d'État et de Saint-Merry ont déjà prouvé avec
quelle sûreté de maître il manie la brosse grandiose
et spontanée de la fresque. Sa grande peinture convient admirablement à son talent mêlé d'audace et
de correction, de fougue coloriste et de dignité
plastique. Il y a en lui du Grec et de l'Oriental ; il
a l'instinct du style et le goût de l'étrangeté, il a été
élevé dans le sanctuaire du Parthénon, mais il a fait
le pèlerinage de la Mecque. Il aime parer la Vénus
antique de joyaux barbares, et il sait plier aux lignes
de la beauté pure les angles cambrés ou brisqués
des faces multicolores de l'Asie.

« C'est cette double tendance classique et barbaresque qui caractérise sa manière ; elle l'a conduit
à l'étude des races exotiques, au croisement des
types et des formes, à l'alliance de plus en plus
intime du dessin et de la couleur. On avait pu
craindre, lors de ses premières excursions dans les
pays de la chimère et de la lumière, qu'il n'y laissât
quelque chose de son goût et de son élégance athé-

nienne. Mais ses derniers travaux ont victorieusement démenti ce mauvais présage.

« Ses Femmes de Pompéi, exposées au Salon de
1853, avaient déjà rassuré les admirateurs du jeune
maître. Les peintures de Saint-Roch nous le
montrent en progrès encore, sachant allier la gravité de l'ensemble à la fantaisie du détail, et le luxe
du coloris à la sévérité du contour. Ces peintures se
composent de deux tableaux peints à l'huile sur le
mur, dans un ton mat et sobre, qui joue la fresque à
faire illusion. Ils représentent saint Philippe baptisant l'eunuque de la reine Candace, et saint François-Xavier, apôtre des Indes et du Japon, baptisant
les gentils, deux sujets merveilleusement appro-
priés au talent de l'artiste et qui lui ont permis de
faire de la peinture religieuse *in partibus infidelium*,
c'est-à-dire dans les pays de sa prédilection et de
son caprice.

« On se rappelle ce chapitre des *Actes des Apôtres*
qui raconte l'entrevue du diacre saint Philippe et
de l'eunuque éthiopien sur la route de Césarée;
l'eunuque lit Isaïe en cheminant vers Jérusalem,
lorsque la grâce vient à le toucher. Il rencontre
l'apôtre, descend de son char, confesse le Christ, et
saint Philippe le baptise au courant du fleuve.

« M. Chassériau a traduit en style oriental cette
page mystérieuse et je comparerais volontiers l'in-

terprétation à la fois fidèle et libre qu'il en a
donnée, à ces manuscrits syriaques de l'Écriture où
le texte pur de la Vulgate s'entoure des arabesques
chimériques de la calligraphie musulmane.

« Le saint verse l'eau baptismale sur le front de
l'eunuque entré dans le fleuve jusqu'à mi-jambes.
Il est vêtu d'une toge à larges plis et lève vers le
ciel sa tête austère qu'entoure l'auréole. Il rappelle,
sans réminiscence d'exécution aucune, ces beaux
apôtres raphaéliques des cartons de Hampton
Court, qui prêchent le Christ avec la mâle et vigoureuse éloquence des rostres romains. Le rayonnement de sa physionomie illumine le noir visage
de l'eunuque sur les traits duquel la servilité de
l'esclave perce encore à travers l'humilité du caté-
chumène. L'apôtre a pour assistant un grand ange
à demi voilé par la vapeur de son auréole, qui plane
en l'air dans une effusion d'attitude pleine de mor-
bidesse céleste et de laisser-aller aérien. Toute cette
partie de la composition est traitée dans le style
idéal et solennel de la peinture religieuse, mais à
cette vision chrétienne l'artiste a donné pour fond
un mirage arabe; le texte même de la page sacrée
lui a permis d'évoquer derrière le groupe sacra-
mentel de l'Écriture l'appareil fastueux et magique
d'une caravane de sérail.

« Le char de l'eunuque s'est arrêté près du fleuve

et l'ombre d'un bouquet de palmiers élancés et
penchés comme les colonnes d'un temple détruit.

« Un jeune Nubien contient par le mors ses deux
chevaux mitrés comme des mages, parés comme
des Satrapes et auxquels la somptuosité bizarre de
leur équipement donne je ne sais quel air fabuleux
et pompeux d'animaux fétiches. Leur robe grisâtre,
que le clair obscur argente, frissonne de reflets
moirés et d'ombres vivantes. Ils trépignent d'impatience; ils rongent leur frein d'or, ils fument de
chaleur, de verve et de vie. On a reproché aux chevaux de l'Attila de Raphaël d'avoir l'air chrétien et
de paraître s'intéresser au pape, comme s'ils avaient
été nourris dans l'étable de Bethléem. Tout au contraire, on dirait que ceux-ci protestent, par les
éclairs de leurs yeux et le froncement de leurs narines, contre la conversion de leur maître; ils
détournent vers son baptême leurs têtes obliques et
farouches que la coiffure païenne qu'elles secouent
semble agiter de l'esprit et de la colère des faux
dieux. C'est sans colère, mais avec le plus morne et
le plus indolent dédain que la jeune femme, couchée dans l'intérieur du char, assiste au baptême de
son noir gardien. Une gazelle qui viendrait boire
par hasard au fleuve baptismal, ne serait pas plus
indifférente à la cérémonie qui s'y passe que cette
rêveuse odalisque plongée dans les mille et une

nuits de l'erreur. Elle regarde à peine du coin de
ses yeux fardés et dormants ; son gracieux visage
n'exprime qu'une indifférence fataliste mêlée à je
ne sais quel vague et féminin mépris de ce que
peut penser ou devenir son eunuque. Rien de plus
charmant, du reste, que cette figure olivâtre aux
sourcils arqués, aux lèvres de sphinx, aux bras scin-
tillants de perles, à l'air bizarre et féerique. Vous
diriez une houri du Coran accoudée sur l'oreiller du
lit de la volupté éternelle et assistant, sans le comprendre, à cette célébration d'un mystère chrétien.
A côté d'elle, le conducteur de l'équipage, plus
curieux et presque touché, se penche pour mieux
voir, dans une pose vibrante de justesse et de naturel. Au sommet du char, une négresse découplée
et contournée comme des statues de bronze qui
portent des torches sous le portique du palais, étend
sur la jeune femme le dôme doré d'un parasol
oriental. Un peu du ciel enflammé étreint dans son
cadre d'or le groupe éthiopien et repousse en vigueur les têtes foncées et les torses fauves.

« Le *Saint François-Xavier, apôtre de l'Inde et du
Japon,* offrait encore à M. Chassériau un magnifique
motif d'interprétation pittoresque. C'est le Rama-
yana du catholicisme que l'histoire de ce jeune
jésuite qui reprit dans l'Inde, un crucifix à la main,
la route victorieuse qu'avaient frayée le thyrse de

Bacchus et l'épée d'Alexandre. Du cap Cormorin au Japon, il parcourut toutes les immensités mystérieuses du monde d'outre-mer, baptisant des peuples, convertissant des nations, ivre d'amour, épris du martyre, agité de la sainte folie de la croix, l'auréole au front, le feu de la Pentecôte aux lèvres. Et l'on vit alors un étrange et miraculeux spectacle : le Dieu du Calvaire installé dans la pagode de Brahma et adoré à la manière orientale comme au jour de l'Epiphanie. La madone monta triomphalement sur le dos des éléphants blancs, les gongs et les tam-tams des brahmines sonnèrent la messe et l'angelus, le camphre des fumigations idolâtres brûla dans les encensoirs de l'église et les singes sacrés se suspendirent aux feuillages des reposoirs des Fêtes-Dieu catholiques.

« M. Chassériau a compris en poète et rendu en peintre cette légende dorée de l'apostolat. Le saint, debout au milieu d'une peuplade agenouillée, verse l'eau régénératrice, contenue dans la buire d'argent que vient de lui tendre un jeune acolyte, sur le crâne chauve d'un paria qui baise le bout de son étole avec une ferveur enfantine. Imaginez un moine de Sesneur transporté de l'ombre du cloître sous le ciel de l'Inde, et vous aurez une idée de cette figure sublimement souffrante que semble consumer la fièvre jaune de la charité, ses yeux ardents et mor-

bides, ses traits marqués des stigmates profonds
de la pénitence, ses lèvres exténuées par la soif et
brûlées par la soif des âmes, le geste endolori de
son bras qui semble fatigué d'avoir baptisé le
monde, tout en lui respire la consomption du zèle,
le souffle expirant de l'ardeur, le dernier soupir de
la prédication épuisée. La fonction suprême du mis-
sionnaire jeté dans le climat de la zone torride
comme sur un bûcher d'holocauste et se consumant
à petit feu sous les rayons de ce soleil païen, qui
n'épargne que ceux qui l'adorent. A gauche du
saint, sourit le blond et candide profil du jeune
enfant de chœur; à sa droite, un moine de haute
taille dresse en l'air un grand crucifix d'argent que
la perspective allonge en labarum sur le versant
embrasé du ciel. Son visage sévère, encadré par
l'ovale du capuchon rabattu, est empreint de
morgue et de *grandezza* monastique. On dirait qu'à
la charité de l'apostolat, le peintre a voulu opposer
le fanatisme altier de l'Inquisition. Il est presque
sinistre, ce moine vexillaire sculpté à grands plis
dans son froc immobile. Je crois reconnaître en lui
un de ces terribles aumôniers de Cortez et de Pizarre
qui partaient pour les Indes, suivis de ce chien
héraldique du Saint-Office qui porte entre ses dents
une torche enflammée. Il regarde de haut en bas la
foule infidèle précipitée aux genoux du prêtre, d'un

air de saint mépris et de sacerdotale arrogance.
Cette foule bigarrée entrelace dans les groupes,
depuis la peau de jais du Soudan jusqu'au teint
cuivré du Japon, toutes les couleurs et toutes les
nuances humaines de l'Asie.

« Derrière le paria, auquel l'artiste a donné la
place d'honneur à ce banquet du sacrement, s'agenouille un rajah de haute mine et de fière tournure; puis vient un brahme à barbe flottante, à
manteau pendant; plus loin, une mère tend au
saint son enfant, qui sourit naïvement à la beauté
de la fête. Dans le fond, on entrevoit des rangées
de têtes baissées et ferventes. A l'une des extrémités de cette pyramide polychrome de carnations
et de races, le peintre a relégué dans la posture
humiliée des cariatides une femme africaine qui
présente au spectateur son dos sombre et mat, où
la lumière s'écrase en plaques argentées; à l'autre
bout s'adosse une Japonaise, dont le profil stupide
et la vague tournure de pagode semblent exprimer
l'endurcissement idolâtre. On dirait que ces deux
femmes d'ébène et de porcelaine, ainsi séparées du
troupeau fidèle, représentent dans le plan de la
composition, l'une l'ignorance, et l'autre le mépris
des mystères de Dieu, qu'elles ne comprennent
pas encore et qu'elles ne sont admises à contempler que de loin.

« La chapelle de Saint-Roch fera date dans la
carrière de M. Chassériau; sa manière s'agrandit,
son dessin se calme, son expression s'approfondit
et s'accuse, ses facultés se complètent en se modé-
rant. Les groupes de ses deux tableaux sont ordon-
nés et distribués avec une sagesse poussinesque.
Les têtes offrent une série de types et de caractères
qui parcourt sans faiblir toute l'échelle morale de la
physionomie humaine, depuis l'enthousiasme du
saint jusqu'à l'inertie du sauvage.

« En abordant des sujets dont l'originalité même
pouvait être un écueil, l'artiste a su se préserver
également de la vulgarité d'une conception incolore et du luxe écrasant d'une interprétation trop
exclusivement asiatique. Le sentiment chrétien
absorbe dans ces deux tableaux la curiosité du
spectacle. Les deux apôtres dominent, pour le
regard comme pour la pensée, l'appareil étrange
qui les environne, et de même que le nègre familier des banquets vénitiens n'y figure que pour
rehausser leur magnificence, de même les somp-
tueux barbares et les pittoresques néophytes de ces
baptêmes orientaux semblent n'y déployer l'étrangeté de leurs figures et de leurs costumes, que pour
mieux faire ressortir le zèle de l'apostolat et l'uni-
versalité de l'Église.

« Nous retrouverons bientôt M. Chassériau à

13

l'église de Saint-Philippe du Roule, où il vient de
commencer un Calvaire qui remplira tout l'hémicycle de la voûte du maître-autel. Nous sommes
heureux de voir le jeune maître se renfermer de
plus en plus dans cette peinture monumentale qui
est l'école athlétique de l'inspiration.

« Il est de ceux dont le talent grandit avec les
grandes tâches et auxquels il faut de l'espace pour
se déployer. »

LA COUPOLE DE SAINT-PHILIPPE DU ROULE

« La *Descente de croix* peinte par Théodore Chassériau sur le vaste hémicycle de la voûte de l'église
de Saint-Philippe du Roule, vient d'être exposée au
public. Il n'y a qu'une voix parmi les artistes et les
amateurs qui l'ont déjà visitée pour admirer cette
large page, où l'originalité de la pensée s'allie à
une élévation de style et à une vigueur d'exécution
magistrale. On sait avec quelle fierté M. Chassériau manie la brosse sévère et spontanée de la
grande fresque. La grande peinture grandit son
talent; elle l'élève sans le guinder, elle le discipline
sans le restreindre. Il y déploie un ensemble de
qualités qui s'excluent et se démentent d'ordinaire :
le mouvement de la couleur et l'héroïsme du dessin,

la dignité de l'ordonnance et l'imagination du
détail. Il comprend la fresque à la façon des grands
maîtres, c'est-à-dire comme la peinture portée à la
plus haute puissance d'expression d'effet et de déve-
loppement. Il y a deux hommes en M. Chassériau,
le coloriste et le dessinateur; mais l'un et l'autre se
fortifient en se combattant. Sa nouvelle œuvre con-
cilie avec éclat cette double tendance.

« Le sujet était difficile par sa beauté même; la
Descente de croix a été variée, tournée et retournée
selon toutes les traditions et toutes les rubriques du
grand art; il semblait impossible d'y apporter une
interprétation nouvelle. M. Chassériau a résolu ce
problème. A ces funérailles du Christ, que la peinture n'entourait jusqu'ici que des images de la
pitié et de la tendresse, il a convié l'insulte morale,
la haine inassouvie, l'outrage acharné. On ne pouvait mieux comprendre la Passion dans l'énergie du
bon sens chrétien. Lui découvrir une nouvelle douleur, c'est rehausser la grandeur de son sacrifice.
Le Calvaire est l'antipode du Parnasse antique; il
étale ce qu'il voile, il glorifie ce qu'il abhorre, il
renverse du haut en bas ses apothéoses, la divinité
y apparaît abreuvée de fiel, couronnée d'épines,
clouée sur l'infamant gibet des esclaves, frappée en
apparence dans son immortalité par la lance du
soldat romain. Cette grande scène sur laquelle les

peintres du christianisme ont épuisé leurs pinceaux
est l'envers exact des tableaux sacrés de l'art païen.
Elle oppose le supplice à ses triomphes, la couronne d'épines à son diadème de lauriers, l'éponge
d'amertume à sa coupe d'ambroisie, le cadavre
navré et flagellé du Christ au corps invulnérable
de ses dieux.

« J'ai souvent placé, en imagination, un Athénien
du temps de Périclès devant une pièta de Montagna
ou de Moralès. Quel serait son effroi à la vue de ces
poignants chefs-d'œuvre! Il croirait le monde livré
aux fantômes de l'Hadès et s'enfuirait en attestant
Vénus. Que pourrait-il comprendre à cette grandeur nouvelle qui prend pour s'étaler la forme et la
mesure du gibet? La croix du Christ, que quelques
mystiques disent avoir été plantée au centre du
monde, en a changé la gravitation morale. Il tour-
nait autour du cercle restreint de la vie terrestre, il
s'élance vers l'infini de la mort; il idolâtrait la
gloire, la beauté, la sérénité, le plaisir, il se rejeta
dans l'adoration de la souffrance, de l'humiliation,
de l'angoisse. Dante dit sublimement quelque part
que plus hardie que Marie qui resta en bas, la pauvreté monta sur la croix avec le Christ! toutes les
douleurs humaines y montèrent aussi; il les incarna
pour les purifier dans les plaies et dans les souillures
de ses membres : elles le transfigurèrent, en passant

par l'épreuve de ce corps divin, l'opprobre fut saint, la dérision devint sacrée et le supplice adorable. Le Golgotha doit donc renverser, en se reflétant dans l'imagination de l'artiste, toutes les idées et toutes les images de la gloire terrestre. Le Dieu dont il veut peindre ou sculpter le supplice est insatiable de lie et de fiel.

« Il triomphe dans l'ignominie, il resplendit dans le sang, il ressuscite dans la mort. Plus le peintre abaissera sa personne humaine, plus il exaltera sa divinité. La gloire d'un Dieu qui subit volontairement l'agonie de l'homme est d'en étendre les souffrances sur des proportions idéales.

« Le Calvaire se compose de l'agglomération des misères et des détresses d'ici-bas, il domine cette terre que l'Écriture appelle une « vallée de larmes » comme le point culminant de la douleur. Presque tous les grands maîtres ont fait leur *Descente de croix*. Il est curieux de voir combien le point de vue diffère selon le siècle ou l'école d'où le peintre le contemple. Les maîtres primitifs la peignent d'une main qui semble stigmatisée, tant elle est fervente ; leurs tableaux empreignent pour ainsi dire les larmes et le sang de l'Évangile avec une naïveté de saints suaires. Mais passé l'époque primitive, que de mises en scène et d'interprétations diverses ! Pour ne prendre que les *Descente de croix* célèbres qui pyramident au-dessus des autres, celle de Daniel de Volterre a le style d'une tragédie du christianisme corrigée par le goût antique.

« Le Christ y tombe de la croix entre les bras harmonieusement arrondis de ses disciples, comme une forme plastique. Autour de ce groupe si noblement balancé, je crois voir circuler le célèbre serpent de Laocoon dont les anneaux sont des rythmes qui cadencent la douleur et lui impriment de majestueuses attitudes.

« La *Descente de croix* de Rubens n'est ni païenne ni chrétienne, c'est un chef-d'œuvre de force et d'indifférence. Dans cette inhumation d'un Dieu, le peintre flamand n'a vu qu'un pittoresque spectacle, celui d'un lourd cadavre descendu d'un haut gibet à grand renfort de bras et d'échelles, par des fossoyeurs robustes et exercés aux manipulations de la mort. Le Calvaire n'est pour Rubens qu'un théâtre de gymnastique colossale.

« Son Christ, athlétique et tout matériel, ne ressuscitera pas plus qu'un chêne abattu. Les ouvriers qui le soutiennent n'expriment que l'idée d'assujettir à terre sa forte charpente. Ils se penchent, ils se cambrent, ils se roidissent, ils s'entr'aident du coude, du bras, de l'épaule; l'un d'eux, cramponné aux branches de la croix, retient le linceul entre ses dents avec une trivialité formidable. Saint Jean lui-

même, le disciple mystique, a retroussé les manches
de sa robe, et vaque à la besogne. Il n'est pas jusqu'à la Vierge qui n'allonge les bras pour prêter
main-forte aux manœuvres de la Passion.

« La splendide Madeleine qui offre si amoureusement son épaule d'ambre au pied meurtri du Sauveur, a seule une âme dans ce trophée de corps
enchevêtrés autour de la croix. Mais la peinture de
Rubens trouble à un tel point les organes, que
l'intelligence ne juge plus. Le suaire de clarté sur
lequel, par un miracle de couleur, il a fait ressortir
le corps nu du Christ, fascine invinciblement le regard. Ce phénomène de lumière répand sur le tableau un jour céleste qui le sanctifie : l'œil le prend
pour une auréole.

« En revanche, quel poème de douleur et d'humilité que cette *Descente de croix* de Rembrandt
qui a l'aspect patibulaire d'une exécution au moyen-
âge! le corps du crucifié est d'une chétive laideur;
il pendille et se disloque comme un haillon humain
le long du gibet. C'est bien là le cadavre de ce
Christ de nuit, souffreteux, malingre, mortelle-
ment malade, que le peintre, dans ses admirables
eaux-fortes, représente catéchisant dans des cryptes
une cohue de lépreux et de grabataires. Mais qu'elle
est touchante la laideur de ce corps déformé, navré,
mortifié par la misère plus que par la croix! et les

gueux en guenilles qui le descendent! et ces vieilles
femmes accroupies dans des loques et dans des postures de mendiantes qui essuient, pour ainsi dire,
ses plaies du regard, comme elles pleurent, comme
elles se lamentent! puis sur ce ramas d'abjections
et de dénuements tombe une pluie de rayons qui les
transfigure. Le ciel étend un manteau de lumière
sur ces parias de Jérusalem, et « Salomon dans sa
gloire n'est pas vêtu plus magnifiquement ».

« Parmi tant de conceptions diverses du même
sujet, aucune, que nous sachions du moins, n'a dé-
veloppé ce qu'indique le texte de l'Évangile, le supplice physique, la passion survivant à son dénoue-
ment. En rétablissant ce pathétique épilogue des
douleurs du Christ, M. Chassériau a tiré d'une
scène qui paraissait épuisée un effet frappant et
nouveau. Le drame qu'on croyait fini recommence;
Jésus souffre encore jusque dans la mort.

« Le corps du Christ, soutenu par Joseph d'Arimathie, va toucher la terre; la Vierge lui ouvre ses
bras maternels. Il y a des peintres qui traitent le
crucifix en marsyas d'académie, et pour qui la croix
n'est qu'une table d'amphithéâtre où ils décrivent
en relief l'anatomie d'un cadavre. M. Chassériau
s'est bien gardé de cet abus du scalpel; son Christ
est mort, sa tête s'affaisse, ses jambes flottent, son
côté saigne, mais le principe de résurrection pro-

chaîne couve dans ses membres endoloris; ils semblent plutôt frappés d'un sommeil d'épuisement
que de l'atteinte de la destruction, l'immortalité du
Dieu persiste et transparaît à travers la défaillance
de l'enveloppe humaine. La douleur de Marie tendant les bras vers son fils respire l'héroïsme du sacrifice; elle est, avec une nuance attendrie, de la
race de ces vierges spartiates de l'école de Michel-
Ange, qui reçoivent le crucifié comme les mères de
Lacédémone recevaient leurs fils morts rapportés
sur un bouclier.

« Joseph d'Arimathie rappelle sans réminiscence
les plus beaux vieillards dont le Tintoret ait jamais
sillonné les traits et fait écumer la barbe blanchie;
il est superbe de piété grave et d'assistance énergique. La noble tendresse de saint Jean qui sou-
tient le pan du linceul, l'effusion de la Madeleine
versant des larmes, et ses cheveux d'or sur les pieds
saignants de son maître, répondent sympathique-
ment à la douleur de Marie. Derrière la Vierge, les
saintes femmes agenouillées, mains jointes ou ra-
menant un pli de draperie sur leur bouche remplie
de sanglots, pleurent et prient dans des attitudes
expressives qui marquent les gradations du deuil et
de la pitié.

« Ce groupe central de la croix est empreint
d'une onction religieuse pleine de ferveur et de gra-

vité, la scène qui s'agite à son côté ne trouble pas
son recueillement extatique.

« On lit dans l'évangile de saint Luc : « Les
« princes des prêtres se moquaient de lui avec les
« autres scribes et les sénateurs, et ils disaient : Il a
« sauvé les autres et il ne peut se sauver lui-même :
« S'il est le roi d'Israël, qu'il descende de la croix
« et nous croirons en lui. » C'est de ce verset que
M. Chassériau a tiré le saisissant épisode que complète le drame du calvaire. A gauche de la croix
s'entasse tumultueusement la troupe des prêtres,
des anciens, des scribes, des sophistes du sanhédrin
et des fanatiques de la synagogue. Le chef de la
bande allonge son masque bilieux et tourmenté,
que hérisse une barbe pointue; il apostrophe le
Christ d'un air insolent. Derrière, raille et bafoue
la cabale déicide. Un Pharisien, encapuchonné dans
son manteau bleu, joint les mains, s'agenouille et
feint d'adorer, sa large face illuminée d'ironie singe
une dévotion dérisoire; vil bouffon du calvaire, il
fait la grimace au Dieu mort... Un autre, arrogam-
ment campé le poing sur la hanche, lève la main
d'un air de bravade et semble défier Jésus de ressusciter. Un Éthiopien de passage s'est joint à cet
attroupement, il questionne deux personnages sur
l'exécution qui ameute la ville; un rire stupide éclate
sur sa face obscure, car l'un de ceux qu'il interroge

lui fait signe avec ses trois doigts dressés en l'air
que ce crucifié a promis de ressusciter dans trois
jours. Mais, au fond, le railleur n'est pas rassuré; il
doute, il se méfie, il détourne vers la croix un œil
inquiet et oblique comme pour constater que le
Nazaréen est bien mort. Son compagnon, au contraire, paraît pétrifié dans l'endurcissement, son
profil haineux accuse une joie rentrée et secrète;
celui-là doit couver contre le Christ un ressentiment
personnel, peut-être est-il de ceux qu'atteignit son
fouet vengeur expulsant les marchands du Temple.

« Par derrière ces types principaux de l'insulte et
de l'ironie, s'accumule une populace de têtes fu-
rieuses et féroces que résume le visage contracté
d'un homme débraillé, demi-nu, hagard, dont le
poing menace et dont la bouche vocifère. Sur le
premier plan, un gamin de Jérusalem, au turban
flottant, au profil singesque, lance sur Jésus des
pierres ramassées dans les plis de sa robe. L'instinct
cruel de l'enfant ne devait pas manquer à cette
émeute des passions mauvaises; cependant, au plus
fort de la cohue sacrilège, le peintre a jeté une
figure qui proteste éloquemment contre les ou-
trages : c'est celle d'un vieillard à barbe blanche,
dont la tête frappée de lumière et comme atteinte
par le reflet de l'auréole du Sauveur, se rejette avec
un sursaut d'épouvante hors du cercle impie qui

l'entoure. Sans doute une voix secrète l'avertit de la grandeur du fils de l'homme, il croit, il se repent, il confesse; l'éclair qui terrassera saint Paul vient de l'éblouir subitement. Shakespeare, mettant la passion en scène, n'aurait pas manqué le chœur de sycophantes déchaînés sur le crucifix.

« M. Chassériau lui a donné un mouvement qui fait illusion; son groupe remue, ricane, s'excite, s'exaspère; la cruauté, l'astuce, la bassesse, le fanatisme s'y personnifient dans des types d'une pittoresque énergie.

« De l'autre côté de la croix, le peintre a profité du contraste que lui offrait l'évangile; à la fureur du judaïsme, il a opposé l'indifférence du paganisme étranger à ces querelles de synagogue. Trois cavaliers romains stationnent sur le Calvaire; Longus, que le sang du Christ vient de baptiser, lève vers lui sa loyale tête de soldat et se frappe du poing la poitrine. Son cheval agité par l'éclipse miraculeuse qui noircit le ciel, s'effare, se hérisse et fouille son poitrail de ses narines frissonnantes.

« Les deux autres cavaliers, fixés dans une pose de statues équestres, conversent tranquillement en rapprochant leurs montures. On sait avec quelle fierté M. Chassériau manie le cheval; ceux-ci sont jetés dans des poses contrastées de la plus superbe encolure: ils fument de chaleur, d'ardeur, d'impa-

tience; ils sentent le voisinage du désert et de
l'Arabie.

« Sur le premier plan, un soldat debout étale
avec une grossière convoitise la tunique sans cou-
ture du supplicié. Derrière, ses compagnons couchés, accoudés, rampant sur le roc dans des postures
soldatesques de corps de garde, jouent aux dés le
vêtement miraculeux et suivent avidement les
chances de la partie. Toute la scène se détache sur
un fond de montagnes d'une ligne simple et grandiose. Le disque du soleil, à moitié mangé par
l'éclipse, darde un jour sinistre sur la campagne désolée; de vagues figures en deuil s'y évanouissent çà
et là, comme les échos prolongés d'une grande
douleur.

« Cette analyse incomplète peut donner une idée
de la forme agrandie et nouvelle que M. Chassériau
a donnée au dernier acte du Calvaire. De l'élégie il
a fait un drame; Jésus n'est plus seulement crucifié
entre deux larrons, mais entre le judaïsme qui renie
sa divinité et le paganisme qui l'ignore.

« L'exécution est à la hauteur de l'idée. Elle a la
splendeur de la force; elle fait aux yeux, du fond
de l'église, cette victorieuse violence par laquelle
les grandes œuvres subjuguent l'attention. La profondeur de la perspective en double l'effet. Au lieu
d'être collés sur la pierre, selon l'usage des figures

de fresque, les personnages tournent, se meuvent, s'éloignent, se rapprochent, ils vivent enfin, aussi largement que dans un tableau. On ne saurait trop louer la fierté des tournures, la justesse des attitudes, l'énergique indication des caractères; toutes les figures ont leur accent, leur trait, la physionomie distinctive. Quelques-unes se détachent et sortent des rangs, pour ainsi dire, par un éclat de facture qui saisit les yeux. Citons entre autres, le Joseph d'Arimathie, un chef-d'œuvre de modelé, la tête du vieillard converti si vaillamment attaquée, la cavalcade qu'on dirait descendue de la colonne Trajane sur le Calvaire, et surtout le soldat si robustement campé, qui déploie la tunique du Christ; figure d'un aplomb et d'un relief vénitiens.

« La *Descente de Croix* de Saint-Philippe du Roule place très haut M. Chassériau, elle atteste les progrès soutenus qu'il fait vers les hauteurs du style et de la pensée. La peinture monumentale nous le montre à chaque épreuve nouvelle plus maître de sa fougue, plus sûr de ses moyens, plus avancé dans cette fusion du dessin et de la couleur qu'il poursuit comme un noble rêve.

« Personne plus que lui, dans l'école, n'a le sentiment et la volonté du grand art; il y est entré en maître dans la vaste composition que nous venons de décrire. Elle est de celles qui marquent dans la

carrière d'un artiste et qui inaugurent en quelque
sorte sa virilité. »

La dernière grande page qu'exposa Chassériau,
la Défense des Gaules, lui fut inspirée par la lecture
des « Commentaires de César ».

Par la brèche ouverte, les Gaulois aux grands
corps nus se précipitent, brandissant leurs piques,
foulant aux pieds les cadavres cuirassés des Romains.
Au milieu du flot effrayant de ses guerriers, Vercingétorix, à cheval, apparaît, armé d'un javelot, prêt
à frapper. Les femmes, groupées sur les remparts,
excitent leurs défenseurs par des gestes d'une énergique beauté et d'une éloquence désespérée.

Le regard est d'abord frappé par la nudité sauvage, éclatante des corps des Gaulois, puis, tout à
coup s'arrêtant sur la tête dominatrice, jeune, charmante, inspirée du chef, y reste attaché, comme
retenu par une fascination invincible. Elle est le
point lumineux du tableau, elle éblouit comme une
tête nimbée de martyr allant confesser sa foi sur
laquelle tombe le rayon de la gloire divine. Ses
yeux clairs, élevés vers le ciel, expriment avec une
puissance indicible l'ardeur du patriotisme, le courage indomptable, la résignation à la mort acceptée
d'avance, l'invocation exaltée au Dieu des ancêtres.

Quelquefois, l'idée rencontrée par l'artiste dans

un coup de génie est d'une si violente beauté, d'une poussée si haute et si fière vers l'idéal, que le talent pittoresque déployé, les qualités de métier disparaissent, fondent devant elle comme de la neige jetée dans une fournaise. Le Poussin un jour a écrit sur une tombe perdue dans les montagnes de Grèce, entourée de bergers couronnés de feuillages, en quête de frivoles plaisirs : *Et in Arcadiâ ego*. Ces quatre mots latins tombent immédiatement dans le cœur, le noyant sous les ondes d'une mélancolie infinie. Le regard ne voit plus rien, pas même les retouches grossières qui font ressembler ce tableau à une image d'Épinal. Il devient tout intérieur. De même Raffet, par sa Revue de Minuit, frappe sur l'âme avec une telle force que l'émotion emporte l'insuffisance de la peinture comme un orage balaie la brume qui traîne à l'horizon. — Et qui songerait à critiquer l'œuvre incolore d'Ingres en face des deux filles divines d'Homère, l'Iliade et l'Odyssée? Par l'une, par cet œil sinistre, hagard, cette bouche aux coins tombants, les massacres, les incendies, les horreurs de l'impitoyable guerre surgissent devant nous, comme si nous étions transportés tout d'un coup à trois mille ans en arrière, dans les plaines de Troie. — Et l'autre! Par quel miracle cette jeune femme, immobile dans son manteau aux plis verts, dont nous n'apercevons que le fin profil, rêveuse, recueillie, absorbée, une apparence, une ombre, nous découvre-t-elle les horizons sans limites, les rivages fuyants, la modulation éternelle des vagues, la caresse des baisers salubres de la mer, les périls et le charme des voyages solitaires à travers le vaste monde! Il a suffi de quelques lignes unies par le peintre en une heure de génie, pour nous communiquer cette vibration inexprimable qui se prolonge dans l'âme jusqu'à la noyer dans la sensation de l'infini.

Alors, pour expliquer ces œuvres extraordinaires, on cherche un mot, un mot de haut vol, qui s'élève de terre et monte jusqu'aux astres; — alors on dit que c'est sublime. La Défense des Gaules est une de ces œuvres-là. Cela vaut une page de Michelet, a écrit Edmond About. Sans doute on admirera le détail, on louera l'anatomie des corps, les gestes des guerriers, le groupe des femmes, l'ordonnance des diverses parties du tableau, mais que deviennent le mérite de l'ouvrier, l'effort professionnel, devant la pensée héroïque qui surgit devant cette Marseillaise de nos ancêtres barbares?

Par une destination naturelle, le tableau appartient au musée de Clermont, auquel il a été donné par l'État. Il a figuré à l'Exposition de 1889.

Comme nous cherchions, vers la fin de cette étude, à déterminer la place que devrait occuper

14

Chassériau dans l'art contemporain, une lettre*
nous a été communiquée qui la précise sous une
forme royale, avec la puissance d'un grand nom.
Nous reproduisons cette lettre par souci de la mémoire du peintre qu'elle consacre et aussi pour le
plaisir purement littéraire du lecteur.

« Château de Parisis-sous-Laon.

  « Monsieur,

  « J'étais l'ami de Chassériau, ce fut un peintre
de haute volée qui a noblement marqué l'effigie de
son talent et la poésie de ses aspirations. La mort
l'a pris trop tôt pour sa renommée, mais il est tout
vivant encore pour les survivants de sa génération.
  « J'ai beaucoup écrit sur lui, mais l'oubli a tout
engouffré, surtout depuis que j'ai perdu à peu près
la vue.
  « Vous trouverez bien la physionomie de ce beau
talent dans les œuvres de Théophile Gautier, un
autre grand ami de ce galant homme qui était
digne de donner le bras à Eugène Delacroix, dans
leur voyage vers l'infini.
  « Je tenterai de retrouver des lettres de Théodore

---

* Appartient à M. Arthur Chassériau.

Chassériau. Il avait esquissé pour moi une Cléopâtre d'un fort beau style. J'aurais dû aller la prendre dans son atelier, mais j'ai traversé la vie à travers trop d'orages pour bien savoir mon chemin; j'ai du moins gardé avec religion le souvenir de mes amis les artistes et les poètes.

« Agréez, etc.

« ARSÈNE HOUSSAYE.

« 8 septembre 1892. »

XIII

D quelle maladie mourut Chassériau, on ne le sut jamais. On accusa une fièvre nerveuse, une fièvre d'artiste exaspérée par les bains de mer. Les médecins de Paris l'avaient envoyé à Spa, ceux de Spa l'envoyèrent à Boulogne. Personne ne le croyait malade, ni les autres, ni lui-même. Dans sa dernière lettre datée de Boulogne, le 12 septembre, il écrivait à sa mère : « Je ne m'amuse pas, mais je vais bien, et avant peu je viendrai vous retrouver tous. Je commence à sentir le besoin de travailler et de reprendre mes occupations... » Le 8 octobre, il expirait subitement dans son appartement de la rue Fléchier-Saint-Georges. Ce fut dans Paris une stupeur. Théophile Gautier,

qui devait rendre compte d'une pièce posthume de
Mme de Girardin, commença ainsi son feuilleton :

« A Paris, la vie moderne, telle que la civilisation
moderne l'a faite, est une bataille si acharnée qu'à
peine a-t-on le loisir de regarder qui tombe autour
de soi. De temps à autre un combattant se retire,
votre ami le plus cher peut-être, la main sur sa
blessure, et dit à ceux de son rang : « Continuez ; ce
n'est rien, » ou bien même garde un silence stoïque
et va chercher hors de la mêlée un pan de mur
écorné par les boulets, derrière lequel il puisse
mourir à peu près tranquille. Il est des âmes héroïques qui ont la pudeur de la mort et se couvrent
de leur manteau pour dérober à tous les yeux le
mystère de leur heure suprême. Théodore Chassériau fut un de ces vaillants ; nul ne l'entendit se
plaindre : quand il fut touché de la balle invisible,
tout le monde l'ignora ; on le croyait plein de force
et d'avenir, et nous-même, son ancien camarade,
nous qui avions vu naître sa jeune gloire rayon par
rayon, et dont la voix enthousiaste le consola plus
d'une fois aux jours de découragement, nous n'avons
appris la triste nouvelle que par hasard, dans la
rue, au seuil du Théâtre Italien. Cruelle ironie !
Amère discordance ! Vous allez entrer insoucieux
dans un lieu plein de joie, de lumière et de bruit,
un doigt glacé vous arrête, un petit souffle vous

chuchote à l'oreille : « Ton ami est mort!... » Ç'a
été, à Paris, une douloureuse surprise que cette
mort si soudaine, si inattendue, si brutalement
hâtée! Eh quoi! Ce jeune homme si vivace, si robuste en apparence, qui jamais n'avait dit : « Je
souffre », brisé, emporté, disparu, sans qu'on ait eu
la triste douceur des adieux éternels! mais l'autre
jour il me montrait dans son atelier une délicieuse
Sainte Famille d'un sentiment tout nouveau; mais,
accoudé à la cheminée de marbre blanc à la dernière soirée, il causait avec cette verve incisive
et pittoresque qui le caractérisait; mais au sortir
de l'Opéra j'ai fumé un cigare avec lui sur le boulevard, au clair de lune, en discourant de musique
italienne et de musique allemande. Oui, bien vivant, aujourd'hui mort. C'est toujours ainsi. Cette
fois personne n'y voulait croire; il a bien fallu le
croire cependant et s'acheminer derrière le corbil-
lard, après s'être agenouillé à Notre-Dame de
Lorette, vers la funèbre colline... — Théodore
Chassériau est mort à trente-sept ans, comme Raphaël, dans la plénitude de la vie et du talent, possédant encore tout le feu de la jeunesse et déjà toute
l'expérience de l'âge mûr. Il savait et il pouvait.
Parti d'Ingres, ayant traversé Delacroix comme
pour colorer son dessin si pur, il était depuis longtemps lui-même un maître, et tout dernièrement

nous signalions son influence sur les plus hardis
élèves de l'École de Rome. Un charme secret nous
attirait vers lui et souvent on nous a accusé de partialité à son endroit; partialité qui n'était qu'une
avance de justice et dont nous sommes fiers aujour-
d'hui comme d'une divination. Jamais nature ne
nous fut plus sympathique; nous aimions chez lui
l'homme autant que le peintre et le peintre autant
que l'homme. L'amour du beau, l'horreur du com-
mun, le dédain du succès vulgaire, le souci perpé-
tuel de l'art, l'énergie de la conviction, la persis-
tance au travail, le dévouement aux siens, la religion
de la famille, l'incorruptible probité du cœur et de
l'esprit: telles étaient les qualités qu'il cachait sous
l'apparence élégante et spirituelle d'un homme de
la meilleure compagnie... — Il y a seize mois à
peine, nous étions tous les deux, lui et moi, dans ce
même cimetière, bien tristes, bien navrés, et, les
yeux troublés de larmes, nous regardions en silence
descendre dans l'éternité le cercueil de notre amie.
Qui eût pensé que lui, le plus jeune, remonterait si
vite là-haut, et cette fois ne reviendrait pas vers la
ville? Il dort maintenant à l'ombre du sépulcre,
l'ardent artiste qui aimait tant le soleil, et que
l'Afrique nous renvoya ivre de lumière, fasciné de
couleur, éperdu de la vie du désert. Abd-el-Kader,
Bou-Maza, le bey de Constantine étaient ses amis.

Aussi, un Arabe en grand burnous noir, à la chéchia
retenue par des cordelettes en poil de chameau,
suivait le convoi avec la gravité de la douleur
orientale, et de sa main brune tatouée de ver-
sets du Coran jetait de l'eau bénite au cercueil et
suspendait une couronne jaune à la chapelle mor-
tuaire.

« Coïncidence mystérieuse! Hasard mélancolique! On donnait ce soir-là même la pièce posthume de Mme de Girardin. Le mort avait reçu sa
loge comme tous les amis de la défunte, et le billet
de spectacle avait été décacheté presque sur sa bière.
Le soir, tous ceux qui s'étaient trouvés le matin à
l'église se rencontraient au théâtre; c'était une piété
encore, et nous pouvons, sans inconvenance, parler
du drame d'une ombre après une nénie funèbre. »

On sait l'admiration que professait pour Chassériau M. Gustave Moreau. Inspiré par cette jeune
gloire entrée tout à coup dans la nuit de la tombe,
il exécuta une grande composition, hommage à la
mémoire de son ami, devenue célèbre sous ce titre :
Le Jeune Homme et la Mort. Cette œuvre est symbo-
lique, énigmatique, troublante comme tout ce qui
sort du pinceau de ce maître solitaire, mais, si ce
n'est par l'obscurité dont s'enveloppe la pensée, on
n'y reconnaît pas l'alchimiste patient qui distille

goutte à goutte de l'essence d'art en des flacons de
forme bizarre et merveilleusement ouvragés. D'une
poésie sombre, d'un effet dramatique saisissant,
d'un dessin précis et coupant, elle produit l'impression d'une toile de Mantegna.

Quelle parenté d'art existe donc entre Chassériau et M. Gustave Moreau ? Romantiques tous deux
assurément, mais ouvriers d'art bien différents.
Comment comparer l'impétuosité superbe, l'expan-
sion luxuriante, la touche large, franche, aisée et
claire de l'un, au travail minutieux et compliqué,
à l'extrême recherche, à l'extraordinaire fini du
peintre d'Eurydice ? Chez celui-ci l'expression de la
beauté est déconcertante par ses oppositions. Elle
a quelque chose de caressant et de voilé, de rigide
et de triste comme si l'artiste avait voulu dissoudre
le sourire italien de Vinci dans la pensée allemande
d'Albert Dürer. N'aurait-il pas entendu parfois les
mêmes voix que l'auteur étrange et douloureux de
de *la Mélancolie* ? S'il possède des ancêtres il faut
chercher bien loin et bien haut.

Comment donc expliquer le lien qui rattache un
maître aussi sévère et aussi concentré au peintre
enthousiaste, amoureux de la vie, plein d'animalité,
ivre du soleil et de l'air parfumé de la Grèce, qui
poursuivit toute sa vie les belles formes harmonieuses comme un jeune dieu échappé de l'Olympe ?

Il faut chercher au fond de leurs œuvres et y découvrir le sanctuaire où veille cette flamme invisible et
pourtant brûlante qui s'appelle l'âme de l'artiste.
Soit effacement voulu, soit dédain de la foule, soit
encore qu'il ne puisse se séparer de ses tableaux,
semblable à l'orfèvre fameux des contes d'Hoffmann
qui aimait d'amour les parures sorties de ses mains,
les peintures de M. Moreau sont difficiles à rencontrer. Dans les rares manifestations de cet art précieux, ce qui frappe c'est une conscience de bénédictin, un luxe inouï de couleur, une imagination
de visionnaire au service d'un idéal si haut et si mystérieux qu'il semble inaccessible à des efforts humains. Or c'est par là, par cet idéal, par l'extase, le
tourment et la joie ineffable du rêve que M. Moreau
et Chassériau ont dû sentir leur fraternité d'artistes.
N'est-ce pas surtout dans le charme grave des femmes
qu'ils ont créées, dans l'inconnu de leurs regards
pensifs, dans ces attitudes froides, résignées, fatales,
mélange indéfinissable de saveur mystique et d'attrait sensuel, que leurs âmes se sont rencontrées ? En
pensant aux sirènes, ces courtisanes de la mer, parées
pour le bal mortel des profondeurs, qui regardent
de leurs yeux verts le soleil se couchant à l'horizon,
je me rappelle certaines pages de Chassériau, sur
lesquelles flottent le même mystère de volupté vague
et affolante, le même songe de beauté. Leurs âmes

se sont unies un instant sur les sommets de l'art,
dans les vertiges de l'infini.

> *Il noue avec la tombe une trame secrète,*
> *Le mortel dont les yeux ont contemplé le beau...*

Chassériau mourut a trente-sept ans ainsi que
Raphaël, Masaccio, Giorgione, épuisé par son rêve,
brûlé par le feu sacré de l'art.

« Hélas! soupire l'ombre d'un poète grec, dans
une épitaphe de l'*Anthologie,* — la mort a dépouillé
ma jeunesse en pleine récolte; j'étais au comble de
la muse et de l'âge en fleur. — Hélas! Et voilà que
je suis entré tout savant dans la tombe, tout jeune
dans l'Érèbe! » — Non, l'artiste n'est pas à plaindre
de mourir. A l'homme qui a vécu pour l'amour du
beau, dans la poésie de la nature, le tombeau sourit
plein de lumière. C'est une arche triomphale ouverte sur le bonheur. L'idéal qui a torturé sa vie,
dont il a essayé d'emprisonner un pâle reflet dans
sa petite œuvre humaine, pareil à cet enfant qui
s'efforçait de verser l'Océan dans un trou creusé sur
le rivage, il va le posséder enfin; l'essor est immense,
le mariage divin s'accomplit. Plus d'impuissantes
voluptés, plus de vains élans vers l'azur, plus de
baisers perdus jetés à l'espace. L'hymne qui s'échap-
pait de son âme en cris confus et déchirants, en
appels désespérés, s'élèvera joyeux, clair et libre

dans le calme souverain de l'éternel amour. Et son nom glorieux vivra parce qu'il a laissé aux générations qui se succéderont sur la terre un peu de lui-même, un peu de son cœur et de son génie pour les consoler de leurs misères.

CHASSÉRIAU *avait l'habitude, en voyage, de noter, à côté des croquis qu'il faisait, sa pensée d'art du moment. Sans doute il soulignait par ce moyen son impression pittoresque de façon à la retrouver plus facilement au retour, dans l'atelier. Ainsi les innombrables études, ébauches, projets de tableaux ou simples indications prises à la volée qu'il a laissés portent des notes écrites, malheureusement pour la plupart effacées par le temps. Nous avons réuni ici celles qu'il nous a été possible de lire, saisi*

par le caractère de grandeur et beauté qui s'en dégage sous une forme incorrecte et presque barbare. Le peintre surpris dans son intimité avec l'art n'en paraîtra pas diminué.

NOTES ET PENSÉES D'ART

« Tout ce que j'ai vu à Gênes était grave et beau, fier comme les choses d'art qu'ont produites les Républiques; les murailles des églises blanches et noires; les colonnes attachées à leurs bases par des griffes, — tout est sombre, fort et singulier.

« La nuit court dans le ciel qui s'assombrit, elle élève un manteau sombre, les heures du jour fuient devant elles sur un terrain couvert de bruyères fleuries. La figure de la nuit qui rase le terrain y porte son ombre.

« Ne jamais oublier que les maîtres ont été toujours vrais, sans être vrais vulgairement.

« Me rappeler en novembre le ton des murailles des vieux monuments et bien le rendre hardiment; c'est simple, éclatant et grave; ne pas reculer devant cela, une peinture de sentiment forte, épaisse, étudiée, qu'on puisse voir partout (Rome).

« Faire un bois dans une poudre de soleil, tous les tons des arbres éclairés et minces, tout dans un brouillard de soleil et seulement des clairs vifs accrochés sur les troncs des arbres (doux, riche et nouveau).

« Ne pas faire mince, ne pas modeler misérablement et sans amour, tout mettre naïvement, et pourtant envelopper dans la grandeur des masses générales.

« Ne pas faire de mélange dans les tons, la nature est peinte comme une mosaïque, les tons opposés salissent, ôtent toute franchise et toute fraîcheur.

« Faire un Arabe mourant près d'un ravin plein de lauriers-roses, les roches grises, des oiseaux volent, l'Arabe mourant aplati à terre, le cheval le regarde avec inquiétude, attention et douleur, il le flaire.

« Cavalier arabe, — faire étinceler l'or sur la housse et les grelots, le dessin de la selle d'un ton or argenté, le haïk à raies soyeuses, la gandoura lilas avec des arabesques d'or.

« Ne pas craindre un grand éclat; rien ne brille plus que la nature, rien n'est plus radieux. La peinture tend à devenir confuse et à perdre de son mordant; faire monumental mais pourtant réel; mettre les clairs et les ombres, comme dans la vérité. Des têtes toutes dans une demi-teinte remplie d'un grand soleil qui les colore, et celles dans la lumière pleines d'air de jeunesse et de fraîcheur; que ce soit séduisant.

« Le Colysée le soir d'un ton doré étonnant, le ciel bleu, les ombres non pas claires, mais brunes et chaudes, ce qui est plus rare.

« Rome à cinq heures, doré et rouge aussi et quelques ombres, les plus lointaines, un peu bleuâtres, laqueuses.

« L'important pour les plis est le départ, il faut les marquer fortement au commencement et à la fin.

« Dans un tableau la lumière doit toujours venir du milieu.

« Faire dans le Ministère de la Guerre toutes les scènes de la vie militaire prises dans la cavalerie, — la sentinelle à pied à la porte, le sabre au poing enroulé dans la main par la dragonne blanche (fier et grand).

« Le pansement des chevaux, — tirer parti de ce costume original du cavalier; les chevaux qu'on étrille, quelques-uns se défendent, d'autres boivent dans de longs bassins.

« Faire toutes les scènes militaires. Mêler adroitement l'Afrique française et faire des scènes de la vie de nos troupes là-bas, les spahis surtout, tout ce que j'en ai vu.

« Faire Camoëns mourant, son Javanais reçoit son dernier soupir; à terre une natte, la chambre simple, avec un peu de mosaïque; le faire ou quand il rentre lui portant du pain, ou quand il lui ferme les yeux, ou quand il l'enlève après la mort.

« Mettre presque tous mes ornements gris sur or. Ne pas oublier la valeur riche des arbres jeunes, dorés avec des taches blanches, comme aux lauriers que j'ai vus à Versailles. Monter tout mon travail sur ce ton et faire le ciel, entre les arbres, d'un bleu rayonnant et d'une grande force; que cela aille jusqu'en haut d'une partie de ma scène. Ne pas oublier les tons d'or et puissants, quelque chose qui soit royal et qui reste.

« Esclave noire contant une histoire à des femmes

maures qui brodent de riches étoffes; en faire qui suspendent leurs travaux pour écouter.

« Cavaliers arabes faisant traverser un torrent à leurs chevaux, en faire un qui refuse, un autre qui se noie qui élève la main pour appeler du secours, un autre qui s'élance vers lui.

« Arabes faisant baigner leurs chevaux dans le Rummel.

« Faire des femmes maures pleurant sur des tombes.

« Un geste grand, simple, héroïque; un lourd et fort escadron, le bras levé, faisant voler la poussière, tout un escadron le bras levé, haut sur leurs chevaux, leurs sabres droits à la main.

« Faire un caïd rendant la justice; le chef assis dans la boutique, entouré de ses gens, juge deux Arabes qui se querellent.

« De beaux jeunes gens à cheval, un escadron tournant, beaux comme la colonne Trajane, tous ces chevaux vifs avec des yeux ardents et fins et de petites narines.

« Une robe d'un vert exquis en soie verte forte un peu foncée et des tons changeants or doux.

« Le ciel comme une coquille de nacre grise avec des reflets d'argent.

« Aussi le roi Lear, en faire deux tableaux :
« 1° La folie du roi qui s'échappe et qui est poursuivi par des soldats.
« 2° Ensuite quand il se jette sur le corps de sa fille.

« Faire les heures noires et le crépuscule par des changements dans la couleur des figures des femmes, faire celles du jour blanches.

« Chef arabe regardant seller un cheval, une robe de soie à raies jaunes, les pieds nus, une baguette à la main.

« La cour de la maison, — une femme nègre puise de l'eau dans un coin, un palefrenier sangle le cheval.

« Faire des Indiens nus courant à travers les bois contre un lion qui se retourne et se défend.

« Faire avec mon croquis d'Avignon un jeune homme *blond roussi* avec des yeux bleus, clairs comme les eaux du Rhône.

« Faire un alezan doré, le nez avec des tons roses et bruns (tache blanche).

« Velours vert, étoffes jaunes, coiffures de toutes les couleurs, bleu vif, rouge mauve souvent noir, c'est très beau, les figures coloriées et puissantes sur des fonds blancs, les couleurs vives et orientales.

« Les hommes et les femmes coiffés de jasmin blanc qui pend à leur coiffure en guirlandes sur leur sein rosé; le corps tout entier jeune, fin et beau; des étoffes légères couvertes de points d'or, comme des étoiles.

« Ne pas oublier que les villes ardentes du Midi ont des tons de satin dans les ombres et des lumières radieuses; le ciel d'un bleu brûlant, vert, puis des tons rouges, rougeâtres, puis des tons gris.

« Pour rehausser de grandes places calmes et grises de murailles, il suffit d'un simple ton d'or à quelques places.

« Le paysage grand et riche; des troupeaux bruns et sauvages, des bandes de chevaux sur les montagnes; le soir le ciel d'or, les montagnes d'un bleu vif et les collines d'un vert riche et frais; de petits ruisseaux bordés de lauriers-roses et coulant sur de grosses pierres.

« Le soir les rues éclairées par la lune et par le feu des lumières qui brillent dans les boutiques; des hommes couchés pour faire la garde.

« La rue qui fuit au fond, éclairée, les murailles dorées en bas, en haut les pierres blanches, vertes et rousses, les toits en ardoise noirâtre (Amboise, octobre 1850).

« Un enfant en veste d'or, les cheveux attachés par derrière avec un ruban orange.

« Le teint comme du cuivre, le turban laque comme le teint presque nègre, laque foncé, les vêtements noirs, les chevaux gris et blancs, hommes et chevaux de *Nedghi*, jeune Arabe tenant des chevaux.

« Des oiseaux blancs qui courent sur des terrains verts, *ombrés mordorés* par les ombres des nuages.

« Devant des arbres nets et vigoureux de modelé, en faire d'autres minces et élégants qui sont
légers et fins comme de la gaze, les troncs des arbres
doux et effacés, cela donne *une grande limpidité* et
de la *tendresse.*

« Chemise juive qui se lève sur le bras, or et
argent, blanche en gaze avec des dessins soyeux.

« Les cheveux entortillés dans un morceau de
soie de toutes couleurs, un ruban rouge qui tombe
attaché jusqu'à terre et qui se nomme *tanada*, étoffe
pour la tête, toute rouge sang avec quelques lignes
d'or très fines; sur le bord un ornement d'or mat;
mouchoirs pour la tête de toutes couleurs, raies d'or
mat relevé d'or luisant, mouchoir blanc lamé d'argent, clinquant comme des étoiles. Le *frimla* se
porte l'été, par les Algériennes, par-dessus la chemise.

« Les femmes juives élégantes portent le haïk,
les autres des étoffes rayées, zébrées, pour dernier
vêtement dans la rue (Constantine).

« Chevaux arabes souvent gris, les harnais or et
bleu, ornements barbares.

« La veste des hommes couleur sombre, dessins
noirs, jaunes, rouges, des verts vert Véronèse mêlés
aux tons charmants des lames d'or dans la soie.

« La Sabine, — tous les clairs comme du bronze doré, les bandes des nuages d'un gris bleu, et le fond clair, un peu jaune et lilas.

« Pour un cheval, — de l'écume à la bride et au poitrail, plein de feu et d'expression, d'un modelé nerveux et précis, fier et noble.

« Faire un Arabe sellant un cheval, il pose la selle, un autre Arabe sangle le second cheval.

« Quand deux chevaux sont ensemble, celui de derrière se trouve souvent dans l'ombre. Ne pas oublier que dans la nature les figures n'ont pas des jours d'atelier où tout se voit de ce qu'on veut voir, mais où les figures d'hommes, les animaux et tout ce qui a un corps est couvert d'ombres puissantes et de clairs puissants qui couvrent de grandes formes. Sur cinq figures, quelquefois quatre sont dans l'ombre, et quelquefois aussi quatre sont dans la lumière.

« De loin, ce qui est à un second plan s'accuse brusquement et par masses. Donner à la chair humaine sa valeur vivante sur le reste des choses, le sang circule sous l'homme, et cette différence le détache toujours des autres objets.

« Le clair en haut, le reste dans la demi-teinte, ici fond rouge ou noir perlé de perles d’or, ce qui est très beau sur le flanc nacré d’un cheval blanc.

« Éviter trois têtes de profil.

« Le soleil en face, le ciel rouge pourpre, le tronc des arbres d’un noir bleu, sourd, les petits nuages du ciel or sur bleu, les cyprès d’un ton sérieux, le haut du pin très vert doré et rouge (Villa d’Este).

« Dans la montagne d’un ton radieux, un ciel avec des nuages blancs et exquis, bleu doux en haut; des troupeaux blancs dans la plaine verdâtre.

« Dans les seconds plans, faire les choses très précises par les plans et grandes masses qui ôtent les détails vrais sans aucun trait noir; l’air qui passe entre ces objets et ceux du premier plan leur donne quelque chose de velouté.

« Faire un tableau représentant des talebs discutant entre eux.

« Intérieur de femmes mauresques, — une couchée, tout le corps nu, à travers une gaze rousse

étoilée d'or; dans la tête, bien saisir le type blanc
de la peau, avec les yeux fins et noirs.

« Faire un escadron arrivant au galop, de nuit;
les naseaux des chevaux fument dans les ténèbres,
ils sont lancés de front, les crinières seules éclairées
par le feu des torches que tiennent des cavaliers en
arrière, les ombres sur le dessin larges et énormes,
— cela serait bien pour des caissons d'artillerie venant de nuit; il faut que ce soit grand et imposant;
de forts chevaux dans l'ombre, les crins épars et
éclairés.

« Faire l'esclave portant la main à son flanc que
dévore la foudre, la torche s'éteint dans l'eau; faire
tout le tableau ruisseler de pluie, tout l'esclave en
lumière, sur le fond sombre l'empereur romain à
cheval, le cheval fier et sauvage, éclairé en verdâtre
par l'éclair.

« Pour mes prochaines peintures et pour toujours, faire, avant de colorer mes tableaux, des cartons faits à peu de chose près très fermes dans les
draperies; ensuite teindre mon tableau à quelques
places, de beaux tons simples et doux bien placés
avec adresse et force, la gamme chantante. C'est
bien plus simple et bien moins long, faire son ta-

bleau à l'effet, au modelé coloré juste, comme valeur, de manière qu'avec trois couleurs bien mises
le charme y soit, alors on peut être tout entier au
sujet, à l'action, au caractère, au sentiment, à la valeur et à une création fine et forte; les couleurs
mises ainsi sont plus fortes et plus vivantes, plus
fraîches aussi, et on a au moins la vérité et la distinction de la nature qui est grise avant tout.

« Faire dans un tableau tout le premier plan en
demi-teinte.

« Faire un champ de bataille couvert de morts,
tous avaient reçu leurs blessures de face.

« Faire une composition de la ruse des troupes
cachées par les arbres dans les broussailles, un camp
attaqué de nuit, — les soldats se réveillent et sont
égorgés; on vole les trésors dans les tentes, on massacre ceux qui fuient, quelques-uns se défendent
dans l'ombre avec désespoir, ce qui me donnera de
beaux groupes, des ombres expressives à mettre
dans le fond; faire ensuite le passage d'un fleuve,
les chevaux traversant, les cavaliers se noyant; de
la confusion. Un beau paysage humide et pur du
matin.

« Faire une suite de compositions héroïques de
la guerre, représenter l'assaut d'une ville, et les
troupes qui escaladent les murs, etc.

« Il faut pour qu'un tableau soit agréable à l'œil, surtout quand les figures sont nombreuses, qu'il y en ait de bien assises, de bien fermes et de bien simples; ensuite penser que pour les premières règles d'un beau modelé fait, il faut avoir des ombres fermes de ton, solides, sans bitume et fortes, des clairs francs et purs, peu de demi-teintes, pas de taches de ton et de modelé.

« Ne pas oublier qu'il faut qu'un tableau qu'on expose se détache des autres par l'originalité de son aspect. (Mars 1841.)

« Faire pour un portrait de jeune femme une robe blanche en mousseline, et une écharpe de même, des cheveux blond cendré avec un peigne bleu d'azur à dessins d'or; pour un autre portrait, une robe à grands plis cassants, gris extrêmement clair, perle, presque blanc.

« Faire un sacrifice de Noé après le déluge. — Il n'y a plus rien, plus d'arbres, quelques cadavres. Noé et ses enfants font brûler de l'encens, toutes les bêtes se promènent autour d'eux, l'eau est presque partout. — C'est un bien beau sujet auquel on peut revenir avec bonheur.

« Quand je ne serai plus à Rome, bien m'en

souvenir : ce n'est pas la beauté délicate et parfaite
des gens, mais un type tout à fait à part, large et
beau comme toute l'existence de ce peuple et que
les peintres ont rendu d'une petite manière ; l'idée
la plus parfaite est celle que donne la colonne Trajane comme type des têtes. Quant aux femmes, la
vie la plus grande dans la figure avec la noblesse et
l'expression, ne pas manquer cela.

« Le paysage est grand, sublime et attendrissant,
surtout l'hiver, quand les arbres sont plus simples,
moins chargés de feuilles, et que l'on voit les branches, ce qui pourrait me servir pour les sujets antiques ; c'est toujours chaste et donne à réfléchir,
comme tout ce que j'ai vu à Rome, où tout cela est
d'une mélancolie forte et tranquille.

« Ne pas oublier que les buffles sont toujours
parfaitement à leur place dans tous les paysages de
Rome ; les teintes sont toujours vierges et écla-
tantes.

« Un chameau ou un dromadaire blanc de la
Nubie. Faire les trois Mages qui offrent des gazelles,
des petits chevreaux et des agneaux sans tache ;
mettre ensuite comme ornements toutes les plantes
des jardins qui sont rares et qui viennent de l'Inde
et des pays lointains, et puis des éléphants.

« Ne pas oublier que la vraie belle peinture est la plus simple, celle qui est faite avec le moins de peine et de fatigue ; commencer toujours avec soin, c'est évidemment le moyen le plus court ; faire une peinture saine avec peu de couleur et mettre des variétés par-dessus, voilà ce qui est bon.

« Mettre sa peinture au soleil quand elle est ébauchée et la peindre dans plusieurs jours différents.

« Empâter d'abord et peindre ensuite là-dessus bien légèrement.

« Éviter toutes les maigreurs, toutes les choses qui rapetissent.

« Enfin, être patient et attentif ; les maîtres devaient l'être et c'est seulement ainsi que l'on s'explique des ouvrages parfaits ; peindre toujours pour que cela reste, c'est une grande économie de temps et de talent ; beaucoup voir, s'habituer à se rappeler toute une chose par un trait, une simple ligne ; prendre toujours, comme aspect simple et sérieux, le Poussin pour modèle. Mettre peu de clairs, et de noir nulle part, une peinture noire est déjà corrompue.

« Faire toujours riche et épais, ne pas tomber dans la matière, mais toujours faire saisissant.

« Toute en blanc, morte, froide, raide, naïve,

douloureuse (pour le sujet du roi Lear pleurant sa
fille).

« A Olivano, les femmes ont des coiffures noires
et graves. (1840.)

« Penser à la hauteur et à la sensibilité de Bee-
thoven.

« Ne pas oublier cela jamais : dans le sens de la
vérité, de l'amour des détails, de l'exécution distinguée. Mettre autant que possible moins de tristesse,
plus d'ardeur, éviter ce qu'il y a dans les détails de
cru et de lourd, non pas dans les figures, mais dans
les fonds et les accessoires; penser à cette vérité,
qu'il faut voir les maîtres et l'antique à travers la
nature, autrement, on n'est plus qu'un souvenir usé,
et avec cela, au contraire, un souvenir vivant; rendre
ce qu'on a dans l'âme d'une façon visible, vraie et
fine, car la nature seule a cette fraîcheur et ce mordant.

« Pour moins de peine, établir solidement sa
peinture sur des bases fortes et saines et y mettre
ensuite la finesse d'exécution.

« Ne jamais faire jaune, être vrai dans le clair obscur; se souvenir que la couleur locale, vive, est la
préférable à toutes, la première à obtenir et la plus
propre à rendre la beauté.

« Ne jamais oublier qu'il faut, pour toute peinture historique, d'abord la solidité et la simplicité dans les tons, ainsi qu'un bel et facile agencement de lignes, gracieux pour l'œil même dans un rêve terrible; le plaisir qu'on éprouve devant un tableau vient toujours en premier de ce que sa vue ne fatigue pas, pour ainsi dire qu'il se laisse voir; quant à mettre dans la peinture du soir des tons riches, brillants et forts, il ne faut guère, quand ils sont clairs, les mettre que par parties peu grandes et avec art, comme un bouquet, et surtout vers le milieu.

« Les chevaux nourris d'orge sont lestes, détachés, fins de contours et lustrés.

« Ne pas oublier que dans l'ombre les yeux des chevaux ont des tons brillants, bleuâtres, luisants et mats comme des reflets glauques qui brillent; tout le noir de l'œil luit dans l'ombre; très beau, très neuf, très vivant.

« Une robe de cheval assez rare, gris fer mêlé de bleu et pas très pommelé, presque uni, les naseaux roses.

« Ne pas oublier le ton chaud et d'or que je voyais à Saint-Pierre de Rome, derrière les statues blanches et dorées, qui les faisait comme vivantes et glorieuses.

« Les terrains roux, les murailles antiques comme de l'or, le ciel tiède et bleu.

« L'automne : les arbres rouges, verts et pâles mais riches, et là des tons bleuâtres et laqueux comme autour des yeux des mourants, au milieu ; plus bas, le soleil rit sur les troncs blancs ; au premier plan, un saule, au bord d'une étroite rivière.

« Le ciel d'orage, rougeâtre, le bas jaune, rouge et pâle, les arbres d'un feuillage sombre et très éclairés par endroits, le terrain gris, tout vivant et vigoureux, la mer, vert émeraude chaud (Italie).

« Escadron de chevaux la croupe tantôt au soleil, tantôt dans la masse des ombres portées à gauche, fermes et vigoureuses.

« Faire un Christ renversé, le calice vide, la main sur le cœur ; l'Ange remonte en cachant sa tête dans ses deux mains ; le faire comme s'il rouvrait le ciel qui s'éclaire pour le laisser passer ; le paysage, des cactus et des oliviers.

« Faire le Christ quand on l'amène au lieu du supplice ; on le déshabille, il ne garde encore que sa chemise ; au pied de la croix, on joue ses vête-

ments au sort et on écarte brutalement les femmes
en pleurs; les trois croix sont dressées, on porte les
deux suppliciés; celle du milieu est vide, le Christ
est au bas; faire un cercle de femmes repoussées par
les soldats et tout en pleurs, pathétique, doux et
puissant.

« Quand on veut faire une chose forte, l'éprouver
comme geste, et on la fait. Si on a un sujet mystérieux, aller jusqu'au bout; si on a un sujet tendre,
aller jusqu'au bout, ne pas reculer jusqu'à ce que
l'on veut soit rendu à fond jusqu'à l'inconnu, et
toujours essayer du nouveau comme ajustement,
comme paysage, comme caractère, comme couleur;
inventer, toujours inventer, s'échauffer et chercher
dans le hasard qui a quelquefois des forces, et là,
savoir s'arrêter jusqu'à ce que la chose ait jailli et
arrive à l'aspect fort et doux, au ton merveilleux et
approprié au sujet, riche et doux, triste ou sombre;
faire saillir les corps et les faire vivre dans l'intimité,
la lumière et le fluide de la nature, essayer tout
pour savoir.

« Rubens, Véronèse, y songer, cela surprend, la
richesse et la limpidité des tons.

« Faire des portraits variés, riches et simples,
souvent plusieurs figures ensemble avec tous ces

vases splendides Louis XIV et Louis XV, des vases splendides et flamboyants aux feuilles d'or, il y en a de pourpres et de lilas pâle, de bleus, de tons rosés, enfin superbe, varié et distingué.

« Faire un palais lumineux, un trône autour duquel sont réunies les familles désolées par le crime ou le vol.

« Faire la justice couvrant les victimes de son égide, la jeune fille nue qui se serre près d'elle (le viol).

« Celui qui est volé, qui tend son coffre vide, ensuite l'enfant abandonné au berceau ; en face, les rues silencieuses ; la patrouille à cheval qui marche calme ; les meurtriers qui frappent dans l'ombre ; les soldats qui s'arrêtent entendant du bruit, ensuite qui courent de toute la vitesse de leurs chevaux après les meurtriers qui se sauvent dans l'ombre et à un détour.

« Ensuite un effet de torches ; la famille du mort en pleurs autour de lui ; la ronde arrive et interroge ; enfin on les emmène ; ensuite peut-être faire les gens paisibles, un intérieur calme et pur, l'assassin qui se cache, changer la scène, faire un meurtre.

« Faire une énorme architecture, cariatides, colonnes représentant les heures du jour et de la nuit ; pour le jour, un beau jeune homme étendant ses bras

pleins de roses et une figure rayonnante; pour la
nuit, l'entourer de tous ses compagnons nocturnes,
et faire de tous côtés les heures noires qui versent
des pavots sur toutes les scènes sombres et agitées.

« Faire deux groupes, l'un qui passe le long des
maisons, les chevaux cabrés, les hommes qui veulent fuir et qui cherchent à se glisser entre le mur
et les naseaux des chevaux.

« L'autre groupe au grand galop dans la rue avec
des ombres portées; les croisées s'ouvrent, des
hommes et des femmes viennent aux balcons avec
des torches voir la scène dont le bruit vient de les
réveiller.

« Faire une scène douce d'intérieur, la jeune fille
va se coucher et embrasse sa mère et les siens; au
bas de la maison, dans la nuit sombre, les voleurs
et les assassins s'apprêtent.

« Pour la salle des Pas Perdus :
« L'histoire d'un crime.
« Le criminel après le crime, saisi déjà par le re-
mords; un corps roulé dans le sang; lui regarde,
hébété, ensuite poursuivi par le fantôme, par l'ombre qui ne le quitte plus jamais, et qui le suit même
devant les juges; faire des figures imposantes qui le

regardent; une foule énorme comme une mer dans le fond; lui qui est interrogé et qui se trouble, l'ombre lui parle et le glace.

« Ensuite la solitude de la prison avec l'ombre qui se multiplie, toujours la même répétée; faire entrer dans la peinture les apparitions formidables de Shakespeare, une grande tournure.

« Ensuite l'arrêt qu'on prononce, la famille du criminel en pleurs et quelques-unes renversées à terre, dans le désespoir; ensuite l'exposition publique.

« Ensuite un groupe en deuil dans le coin d'une place, la foule qui s'écarte avec dégoût, c'est la famille du criminel dont on s'éloigne et qui est maudite.

« Dans une grande place, faire la Loi qui protège la chasteté, l'enfance, la vieillesse contre le crime et le vol.

« Faire le condamné criminel quand il se sauve poursuivi par l'ombre de celui qu'il a tué et qui lui fait voir ses plaies.

« Faire dans un cachot le prisonnier assassin se cachant le visage, le spectre de l'homme qu'il a tué se dresse devant lui.

« Pour Jésus montré au peuple, le faire de profil,

doux, noble et poignant; faire la foule grondant, les hommes se portant les uns les autres pour le voir; des têtes, des têtes les unes sur les autres comme des vagues.

« Faire des guerriers qui sont à cheval au milieu de la scène et qui reviennent après le combat; quelques-uns essuient leurs sabres sur la crinière de leurs chevaux; les mettre dans la poussière; donner quelque chose d'imposant et de juste au combat.

« Ils marchaient résolus devant des caissons d'artillerie traînés par des chevaux, montés par des enfants et des artilleurs, faire ce régiment. (Scène de la Révolution.)

« Un ciel brûlant du couchant, un grand fleuve ou la mer, les pêcheurs dans l'ombre enlèvent leurs filets d'où l'eau monte et retombe en perles d'or, au fond Jésus.

« Un ciel tout marbré d'un ton verdâtre et blanc, certaines places bleues, la lune éclatante, le tout fantasque et triste.

« Un ciel mêlé roux et gris, la lune se cache tristement derrière, Jésus resté seul, l'ange remonte en pleurant.

« Faire ses vêtements du ton du ciel, les attacher pour ainsi dire, comme s'ils en faisaient partie et qu'il remontât dans sa patrie.

« Faire le ciel d'un bleu pâle qui devient rose vers les nuages, les nuages d'or rosé, la mer bleue; doux, ferme et profond; les lumières des nuages très vives, les nuages du fond déjà pâlis et plus doux de couleurs qui s'effacent, la montagne rougeâtre comme une brique.

« Les capucins portant un mort au cimetière; Rome au fond; faire un chemin tortueux, un ciel soucieux, les montagnes d'un beau ton d'hiver, vert-roux et mélancolique.

« Faire une patrouille de cavaliers, les hommes descendent des chevaux, les armes et les casques luisent dans les ténèbres de la nuit, tous portent de grands manteaux.

« Faire à côté du tableau d'en bas (les prisonniers qu'on emmène), ensuite les prisonniers qu'on verra à travers les barreaux des croisées, un vieux d'un côté, l'air morne, de l'autre un jeune homme qui se frappe la tête sur le mur, une femme en pleurs avec ses enfants.

« En bas sur les places, une figure de la Vérité et une du Silence, un doigt sur les lèvres; dans la frise, des soldats, à mi-corps dans les roseaux, qui s'avancent pour surprendre l'ennemi qui bivouaque dans le fond.

« Ensuite dans un grand tableau de la Guerre, le roi ennemi surpris dans sa tente; on prend les trésors, il se lève pour fuir ou se défendre, les sentinelles tuées à la porte, il se lève effaré, il saisit son épée.

« Le ciel bleu, riche, chaud et doux, l'architecture blanche et chaude, les statues brillantes et plus lumineuses que le ciel.

« Sur la route des Marais Pontins, toutes les femmes ont les cheveux d'or.

« Jésus étendu sur le devant, mort, derrière lui la Vierge, saint Jean et les saintes femmes, la Vierge soutenue de chaque côté par deux figures, un effet du soir, riche et noble, le tableau en long et le paysage très bas aux genoux des figures, le Christ seul

en pleine lumière, les figures du fond dans la demi-
teinte.

« Faire ainsi chaque panneau : dans l'un le Christ
mort salué par les huées, dans l'autre le Christ
montré au peuple : « Ecce homo », — dans l'autre
le Christ aux enfants, dans l'autre le Denier de la
veuve. Pour tout cela me servir de mon voyage en
Afrique ; les faire insulter par un groupe, le rire bête
et féroce.

« Les ruines d'une couleur ardente tout en vigueur sur le ciel, excepté les ruines qui doivent
rayonner ; par un beau jour bien rare, le ciel d'un
bleu heureux et resplendissant, le premier plan
rosé et roux, les montagnes au second plan tièdes
et bleues avec des lueurs rouges et lilas.

« Les bois de la Serpentine à Olivano, les arbres
d'un seul ton très doux sur le ciel sauvage et blanc.

« Les troncs des arbres très blancs, les ombres
douces et grisâtres, les lumières fortes et très colo-
rées, les arbres d'un vert hardi, riche, le ciel pur,
net et bleu.

« Une femme à l'air doux et tendre. Elle cause en

s'appuyant sur une chaise, tout en gaze blanche, avec une écharpe de tulle qui tombe négligemment sur l'épaule droite, les chairs grenues et satinées, les ombres tendres et mystérieuses, non pas la nature, mais la poésie de la nature.

« Le vêtement du haut, blanc, doux, le teint franc et riche, les cheveux tordus, la robe du bas bariolé bleu et or chiné, riche et étranger.

« Des choses décidées, du courage, et mettre toute son âme. S'écouter quand on travaille, me souvenir et oser tout ce que j'ai vu à Rome; mettre beaucoup d'ordre dans ma vie, et chasser l'inquiétude; ne peindre que les choses qui me touchent l'âme, ne jamais oublier qu'un effet sérieux et simple est le point essentiel dans une grande peinture; peu de tons, de la force, de l'éclat dans l'harmonie et c'est tout; ensuite avoir toujours des types variés et décidés, étudier d'après nature, surtout quand ce sera pour de grandes choses, pour des dessins vifs et nerveux; dans mes portraits à venir, chercher dans la simplicité des effets forts et nets, être extrêmement naturel et toujours très élevé, voir dans les têtes en les copiant la beauté éternelle, et choisir la minute heureuse, — aller comme une flèche sans hésiter un seul instant. (Mars 1841.)

« Jamais rien de fade, et jamais rien de grossier, m'écouter et me croire toujours seul ; ce que j'éprouve sur moi est toujours la vérité, c'est le résultat de l'expérience de ce que j'ai souffert ; on ne connaît que ses souffrances, on ne peut savoir si d'autres les ont eues, et il ne faut croire qu'en soi.

« Pour l'étoile dont j'ai besoin, — hier, 24, le soir à neuf heures, l'étoile était d'un blanc doré, le ciel bleu mêlé de gris, et tout autour une lueur blanche et fine. C'est l'unique fois que je l'ai vue ainsi. (Mars 1841.)

« De beaux yeux bleus tristes, le haut de l'œil cerné et un peu cave, des cheveux blond cendré ; quand je me servirai de cela, appuyer sur la grâce, la finesse et l'originalité de cette nature.

« Ne pas oublier les belles et hautes murailles et cette population sérieuse et bariolée qui roule en s'accrochant aux murailles des rues étroites et en pente à Alger, et des murailles d'or de Constantine, superbes et singulières choses qu'il faut faire comme elles m'ont frappé.

« Dans les chevaux comme dans les hommes, ne

pas oublier les plans fermes et les soudures des attaches, penser à la vie musclée des chevaux.

« Faire, dans les scènes militaires, le Christ et la Vierge qui accueillent les ombres des soldats morts en combattant et qui montent à eux, une sorte de Paradis guerrier où les héros de France, Jeanne d'Arc et Duguesclin, les accueillent.

« Étudier la nature, — y penser. — Chaque tête aimée et trouvée belle pour une raison devient une chose originale rendue comme on la sent.

« Le ciel, d'un bleu exquis, les montagnes ordinairement comme du lapis le jour, l'air poudré d'or, ce qui donne une vapeur splendide; le petit bois extrêmement bleu et lumineux près d'une eau vert émeraude, et çà et là, des trous éclatants de soleil.

« Étudier une belle femme pliée pour atteindre la main de l'enfant souple et tendre.

« A la porte d'un sellier arabe, faire un esclave qui met à un cheval un harnais neuf; les petits enfants travaillent, comme je les ai vus, les écheveaux de soie dans les mains; le maître regarde pendant

que l'esclave ajuste. Une rue étroite, un coup de
soleil oblique qui frappe le milieu.

« Trois guerriers, celui du milieu blanc et or, les
deux autres bleu et or avec des baudriers d'azur.

« Une femme et deux enfants qui la tirent par
la robe. Deux Égyptiennes, l'une basanée, l'autre
noire, avec des turbans colorés finement.

« Toute une armure bleue, un bouclier à grains
d'or retenu par une courroie bleue.

« Faire les martyrs, en groupes morts ou mourants, sur le premier plan; dans le fond, la plupart
des bêtes sauvages rentrent dans leurs cages, les
bourreaux s'en retournent en mettant leurs armes
dans le fourreau, — un groupe amoncelé dans les
coins, des bêtes qui lèchent encore les cadavres.

« Faire des Arabes en voyage, faisant boire leurs
chevaux à un abreuvoir; près des cactus et des palmiers, de beaux et jeunes cavaliers; des nègres tiennent les chevaux; faire une chose vigoureuse avec
mes dessins et mes souvenirs.

« J'ai eu, pour me conduire, un marinier génois

qui avait les cheveux blancs, les yeux vert bleu de
mer et le teint brun, avec une tête rude et bienveil-
lante ; je crois que c'est un des types du pays.

« Une jeune fille dans une église, solitaire, priant
près du mur ; rien avec elle que son ombre portée ;
placée dans le coin d'un tableau (Gênes, 1840).

« La chevelure riche et enroulée aux bras, —
blonde quoique le bas des cheveux soit mouillé et
s'enroulant au corps. Les larmes de l'eau coulent
claires et brillantes sur son dos blanc comme lys,
un corps qui sort de l'eau ; au bas de ces deux figures
faire un petit flot remuant, vert pour l'un, bleu
pour l'autre ; prendre un modèle, voir la chose dans
la nature pour en tirer le ravissant effet que cela
doit donner.

« Faire un tableau de nègres qui travaillent devant une échoppe, une rue montante, une femme
masquée toute blanche (Alger).

« A la tête du cheval des chaînes et des crois-
sants, pour finir les trois portions, de l'argent mat
et brillant par places, tout le harnais rose.

« Faire dans ma composition de la Paix pour représenter le Commerce, ceci dans la grande composition, ou bien dans l'un des côtés :

« La mer bleue et verte, d'un ton léger et ferme, un peu houleuse; des navires étrangers avec des banderoles des plus belles couleurs, une seconde barque détachée du navire; ceux qui portent des marchandises, brillent.

« Dans le panneau de la Guerre, du côté opposé aux gens qui font des armes, personnifier l'incendie par le sujet des troupes débarquant la nuit avec des torches et mettant le feu à une ville en incendiant un petit bois placé le long de l'eau qui forme le premier plan.

« Mettre une façade, l'Architecture appuyée sur l'un des côtés, la Peinture peignant ses dessins à ses pieds; faire aussi la Sculpture et la Musique, qui seraient assises, et de cette façon tous les arts seraient assemblés.

« La Peinture vêtue d'une tunique de pourpre, ou rose et pourpre, éblouissante et heureuse de couleur.

« L'Architecture qui rêve en regardant son plan, l'édifice qui doit monter dans l'espace; à côté, la

Musique avec des instruments variés comme pour
sainte Cécile; l'Art tragique, sombre.

« L'Amour, les Moissonneurs.

« La Paix.

« La Lumière au fond.

« Ces deux figures se détachent un peu en demi-
teintes riches sur le ciel.

« Toute une colonnade tournant.

« La Science, l'Harmonie, les Astres, les Étoiles.
Des jeunes hommes qui contemplent le ciel illuminé, avec les instruments nécessaires aux mains;
d'autres, qu'on aperçoit dans le fond de l'édifice,
travaillent et méditent sur l'Histoire et les Sciences.
Le fond éclairé par la lumière; de ce côté, la nuit;
faire un édifice rond et une enfilade de colonnes de
marbre se détachant sur le ciel.

« L'un qui regarde, l'autre qui dicte, le troisième
qui écrit.

« Un contraste dans ce tableau du Commerce
par tout le luxe qui y sera avec la splendeur tranquille du reste de ce côté, et le mâle aspect de
l'autre côté.

« Une barque mince avec ses rameurs; la poupe
du navire calme et superbe dans un ciel vermeil et

or, toutes les races mauresques et africaines; un goût de couleur exquis et les plus riches étoffes; quelque chose d'éblouissant de couleur comme un tapis turc; toutes les races blondes, roses.

« Une fille arabe derrière une grecque; me rappeler deux femmes que j'ai rencontrées à Marseille, la jupe blanche de l'Égyptienne et la tête molle et sérieuse de la Grecque.

« Des mains pleines de perles.

« Faire à la Méditation une draperie traînante et négligée. Le Silence très enveloppé, l'Étude moins couverte.

« Deux enfants qui remplissent les buires ou les corbeilles, penser aux églogues de Virgile, leur mettre dans les cheveux des vignes et un rayon de soleil sur l'un d'eux.

« Ne pas oublier la Sculpture et avoir un modèle remuant.

« Faire aussi le Repas de Macbeth, dans une vieille salle écossaise, l'ombre face à face avec lui; les conviés ne comprennent rien, lui seul comprend.

« En avant, des carabiniers, deux éclaireurs avec des carabines, les housses noires, et les casques tigrés; superbe et plein de style.

« Deux chevaux avec des crinières dorées arrêtés à un char, et l'un mordant l'autre en jouant.

« Faire des oliviers pâlis et dorés par le soleil.

« On ne met jamais assez de notes, je ne m'explique pas à première vue quelquefois en les relisant ce que j'ai ressenti dans le moment, et puis mieux écrire.

« Se rappeler que, lorsqu'on a un talent original, il l'est toujours sans qu'on ait besoin de le chercher; pousser aussi loin que possible l'étude du vrai, être naturel, par conséquent jamais crispé, penser souvent aux grands maîtres et bien savoir que même les moins forts, ceux des âges tombés sont d'excellent conseil et toujours peintres. Ne m'occuper dans mes tableaux que de l'aspect général comme ton, et repeindre dans la teinture, dans les glacis, ou frottés plus vivants, afin de ne pas épuiser la fleur de la vérité toujours nécessaire. Ne jamais être aride ou Allemand, mais bien Italien ou Français, c'est-à-dire du charme et de la raison. Regarder pour arriver aux tons des étoffes, si sous le ton réel il n'y en a pas un autre dessous, et commencer par celui-là afin d'arriver à la transparence; que la forme soit plutôt au-dessus de l'idée, que l'idée au-dessus de la forme; toujours avoir l'idée de la beauté, mais ne chercher chez les autres que ce qui peut compléter la nature qu'on a, au lieu de s'en écarter.

« Le rose sur le rouge est d'un bel effet, fin, ferme et distingué. J'ai vu, pour une figure nue dans un tableau espagnol, pour la faire ressortir, un rideau de pourpre glacé de laque; cela poussait la figure en avant, et cela peut lui donner de la noblesse, car tout en imitant la vérité des tons, cette couleur simple et entière rendait le corps d'un aspect pur, simple et entier.

« En commençant mes peintures en gris, naturellement les dessous le seront comme il faut pour avoir l'aspect solide de la nature.

« La peau rose, blanche et mate, les cheveux doux, blonds et cendrés, des fleurs rouges, une robe grise, dans les joues des fossettes d'un modelé large et bon, les cils très blonds, ce qui donne un air pur et particulier; tête vigoureuse et puissante de Léda.

« Faire un jour dans la peinture monumentale, ou en tableaux, des sujets tout simples tirés de l'histoire de l'homme, de sa vie, — ainsi un voyageur, ainsi le penseur, le joueur, le désœuvrement, la douleur, le retour, le voyageur voyant les fumées bleuâtres de sa ville montant dans l'air, les prisonniers, la liberté, le dégoût, l'épouvante, la colère, le courage, la misère, le faste, l'amour, et autant de sujets où l'on peut être émouvant, vrai et libre.

« A Alger, la mer bleue, la ville comme du stuc ou du marbre blanc; l'horizon rose et bleuâtre, au-dessus de la mer le ciel bleu léger et lumineux un peu opale; des vieillards à faces orientales et singulières, vigoureusement peintes sur les murs blancs; les enfants d'une beauté pure, le fond du teint rosé et pâle; les maisons blanches souvent dans la demi-teinte avec des tons argentés ou dorés; le ciel d'un bleu pur et transparent; les poutres qui soutiennent les constructions quelquefois noircies, ce qui relève par la vigueur tout l'ensemble; quand le soleil frappe un endroit, le faire étinceler d'une lumière dorée; le fond des portes d'un noir brun et vigoureux.

« Être franc dans le dessin et la couleur, mettre

de la saillie; faire de la peinture qui se voit de loin,
il le faut.

« Palefrenier arabe faisant boire des chevaux à une
fontaine : tout le premier plan pris par les chevaux
autour de la piscine; au pied de la fontaine, un
Arabe mendiant auquel des figures de second plan
font l'aumône; au fond, des Arabes montés sur des
chameaux.

« Faire des Grecs prisonniers, chantant des vers
d'Homère aux barbares.

« Faire deux chevaux conduits par un homme
monté sur le premier.

« Faire le départ d'un guerrier arabe du côté de
Sétif et de Batna. Faire un repas arabe où, pendant
que les Arabes mangent sous les ombrages, les chevaux se détachent, jouent et roulent en cercle pendant que des esclaves courent les rattacher; nouveau,
curieux et riche.

« *A Rome,* d'un effet étonnant cette montagne
comme du lapis d'un bleu brûlé partout, là et ici,
par des clairs qui viennent du soleil couchant
d'une chaleur effrayante, et mêlés comme de la

poudre d'or rougi ; le ciel d'un bleu laqueux et gris,
et les nuages d'un bleu rougi en clair restant
dessous. C'était sublime, ne pas l'oublier.

« Réflexions pour toujours. Le grand caractère
ne peut exister réellement sans initiation réelle de
la nature, ce qui, malgré un côté original, personnel
et même profond du caractère, n'arrive à une
beauté d'art que mêlée à la vérité la plus simple, la
plus pure. Cette liaison de naïveté et de grandeur
est le vrai sublime de l'art ; faire des choses saisis-
santes mais vraies ; la différence des grands maîtres
et de ceux de second ordre est que les premiers sont
vrais, les seconds souvent impossibles et de là ma-
niérés.

« Peindre par trois fois ; mêler, sans ôter l'aspect
simple et grave des œuvres, la vivacité et l'inattendu
de la nature ; réfléchir, mûrir les choses, et pourtant m'en fier à mon premier instinct. Ne rien faire
d'impossible, trouver la poésie dans le réel. Ne pas
se torturer, chercher ce qui est beau et l'exécuter ;
si dans la nature c'est beau, ce sera beau dans la
peinture. Faire ma peinture plus faite, la revoir plus
consciencieusement, ne la laisser que presque satisfait.

« Apporter la connaissance de l'antique et de ce
qui s'est fait de plus beau dans les choses de nos

jours, cela est être nouveau et aussi fort qu'on
peut l'être dans ce temps; la beauté est la vérité.
Pour faire beau il faut bien voir, — et une chose
inventée, si grande qu'elle soit, est inférieure à une
chose médiocre copiée; l'idée de l'art c'est l'exécution, la reproduction intelligente de ce qui est.

« Y penser toujours, travailler, suivre cela sans
jamais varier, ne jamais douter, et ne s'inquiéter de
rien ou de ce qui peut me détourner de l'idée juste
et écrite que voici. (Avril 1842.)

« Le Génie du sommeil calme et bon. La Lune,
derrière, lui parle au milieu de la nuit. Il faut une
couleur solide, nocturne, de la variété, comme
cela est dans les beaux climats. A côté, dans les deux
espaces qui seraient plus grands, de la grandeur,
de la tranquillité, deux paysages sans figures, la solitude de la nature, la nuit, des animaux qui se promènent, et les fleurs qui s'ouvrent. Plus bas, les
Heures de la nuit qui donnent dans leur sommeil
tous les pavots aux hommes. Il en faut six, toutes
belles, nonchalantes, et sur un ciel très profond qui
doit fuir et être couvert d'étoiles, neuf, dix, onze,
peut-être sept figures.

« Mes trois compartiments d'un ton vivace, pour
que le dessus seul soit d'un ton mélancolique.
(Tivoli, à minuit. Août 1840.)

« Prendre garde, avant de faire une chose belle et charmante, qu'elle puisse se voir. Il faut à tout le relief nécessaire. Ne jamais oublier cela, faire fort et rude, que cela se voie, ensuite broder là-dessus.

« Principe pour toujours : éviter le ton verdâtre.

« Dans la peinture, procéder par grands tons. Ne pas oublier que le blanc doit être très sobrement employé pur; pour faire une chose d'une belle couleur, accentuer clairement les tons, les poser frais et par facettes; pas d'équivoque de tons louches et faux; la couleur dans la nature est un mélange de tons entiers adaptés les uns aux autres. »

Voici, mon cher Théophile
l'adresse de la sœur de
Marilhat et — Rue Favart
Mme Andrieux — Écrivez lui
un mot pour avoir un mon
ent d'entretien — elle vous
recevra avec le plus grand
plaisir —
Que dites vous, de ce bouillon
épais. N'est ce pas que c'est
étrange les changements d'as
pect, de ce grand décor humain
que nous avons toujours eu
et nous sous les yeux —
Adieu, et mille amitiés vraies
Théodore Chassériau
Vendredi —

Vendredi —

Mon cher Théophile figurez-vous que je ne mets plus les pieds à mon atelier travaillant toujours a mon Église On m'a apporté la lettre chez ma mère trop tard pour que je puisse me rendre a la triste convocation — hier seulement — J'ai a cœur de vous expliquer mon absence en cette circonstance — Que nous dirais-je en fait

de tout ce que nous
souffrez, à vous qui avez
tant de force d'esprit
et qui vaut tout et
la vie et de ce qu'elle
a d'amer. Je vous serre
la main et vous embrasse
tendrement, en vous
priant de vous souvenir
un peu de vos amis, de
ceux qui comme moi depuis
de longues années vous
sont bien sincèrement
dévoués

 à vous de cœur —
  Ch{me} Chassériau

Lettre à Théophile Gautier à l'occasion de la mort de son père, 25 août 1854.

Jeudi matin

Mon cher Théophile. Je viens de lire ce que vous avez écrit sur mon dernier travail dans votre beau style merci pour tout le talent que vous avez dépensé à expliquer mon oeuvre. cela lui ouvrira du monde et lui fera grand bien.

J'irai vous voir lundi qui est votre jour de repos, mille amitiés dix de la

Thre Chassériau

Il s'agit de l'article de Théophile Gautier : *Église Saint-Philippe du Roule : Descente de Croix*, de Théodore Chassériau, paru dans le *Moniteur* du 17 avril 1856.

Catalogue

des OEuvres de Théodore Chassériau

PEINTURES MONUMENTALES

———

OUVRAGES DANS LES MUSÉES OU LES ÉGLISES

———

SUJETS EXPOSÉS AUX DIVERS SALONS

———

EXPOSITION UNIVERSELLE DE 1855

———

TABLEAUX — PORTRAITS — ESQUISSES — GRISAILLES
VITRAUX — AQUARELLES — DESSINS
EAUX-FORTES — VERNI-MOU — LITHOGRAPHIES

———

COPIES D'APRÈS LES MAÎTRES

PEINTURES MURALES DÉCORATIVES

ÉGLISE DE SAINT-MERRY

CHAPELLE DE SAINTE MARIE ÉGYPTIENNE

1. — Légende de sainte Marie Égyptienne.

2. — Conversion de sainte Marie Égyptienne.

3. — Sainte Marie Égyptienne et saint Zozime.

4. — Ensevelissement de sainte Marie Égyptienne. -

5. — Sainte Marie Égyptienne enlevée au ciel par les anges.

6. — Zozime raconte à des moines l'histoire de sainte Marie.

Dimensions communes aux deux côtés : Haut., 6ᵐ. — Larg., 3ᵐ 30.

Signé à gauche : THÉODORE CHASSÉRIAU, 1843.
Commandé par la Ville de Paris.

PALAIS D'ORSAY — COUR DES COMPTES

ESCALIER D'HONNEUR DE LA COUR DES COMPTES

7. — Guerrier détachant des chevaux liés à des branches d'arbres.

> Haut., 4^m. — Larg., 7^m.

8. — Le Silence, la Méditation et l'Étude.

> Haut., 4^m. — Larg., 8^m.

9. — Groupe des Captifs.

> Haut., 4^m. — Larg., 8^m.

10. — La Justice réprimant les abus.

> Haut., 5^m. — Larg., 3^m 20.

11. — La Loi.

> Haut., 0^m 80. — Larg., 3^m 20.

12. — La Force et l'Ordre.

> Haut., 3^m. — Larg., 2^m 30.

13. — Le Commerce rapproche les peuples.

> Haut., 5^m. — Larg., 3^m 20.

Groupe de gauche.

14. — Une Océanide.

> Haut., 0^m 80. — Larg., 3^m 20.

15. — Jeune Vendangeur.

> Haut., 1^m. — Larg., 2^m 80.

16. — Frise des Vendangeurs.

> Haut., 0^m 80. — Larg., 8^m.

17. — La Paix protectrice des Arts et des Travaux de la terre.

Haut., 6^m. — Larg., 8^m.

18. — Le Commerce rapproche les peuples.

Haut., 5^m. — Larg., 2^m 90.

Groupe de droite.

19. — Frise des Guerriers.

Haut., 0^m 80. — Larg., 8^m.

20. — La Guerre. — L'Ordre pourvoit aux frais de la guerre.

Haut., 6^m. — Larg., 8^m.

Signé : THÉODORE CHASSÉRIAU, 1844 à 1848.
Commandé par l'État.

ÉGLISE DE SAINT-ROCH

CHAPELLE DES FONTS BAPTISMAUX

21. — Baptême de l'Eunuque de la reine d'Ethiopie.

22. — Saint François-Xavier, apôtre des Indes et du Japon.

Commandé par la Ville de Paris, 1854.

ÉGLISE DE SAINT-PHILIPPE-DU-ROULE

23. (Coupole.) — Descente de Croix (1855).

Haut., 5^m. — Larg., 22^m.

Commandé par le Ministère de l'Intérieur.

OUVRAGES DANS LES MUSÉES OU LES ÉGLISES

MUSÉE DU LOUVRE

24. — Tepidarium (1853).

Haut., 1ᵐ 70. — Larg., 2ᵐ 50.

Donné par l'État.

25. — Suzanne surprise par les Vieillards.

Haut., 2ᵐ 60. — Larg., 1ᵐ 95.

Donné par Mᵐᵉ Alice Ozy.

MUSÉE DE CLERMONT-FERRAND

26. — La Défense des Gaules par Vercingétorix (1855).

Haut., 5ᵐ 20. — Larg., 3ᵐ 90.

Donné par l'État.

MUSÉE D'AVIGNON

27. — Baigneuse endormie près d'une source.

Haut., 1ᵐ 70. — Larg., 2ᵐ 50.

Donné par l'État.

MUSÉE DU HAVRE

28. — Un abreuvoir où un jeune Arabe fait boire son cheval.

MUSÉE DE BAGNÈRES-DE-BIGORRE

29. — Saint François-Xavier baptisant les Indiens.

Haut., 0^m81. — Larg., 0^m43.

MUSÉE DE POITIERS

LEGS BABINET

30. — Étude de tête d'homme. Peinture sur toile, grandeur naturelle.

Haut., 0^m75. — Larg., 0^m33.

31. — Étude de nègre debout, les mains jointes, les yeux vers le ciel. Ébauche de l'Eunuque de la reine d'Éthiopie (église Saint-Roch).

Haut., 0^m75. — Larg., 0^m32.

32. — Croquis à la plume représentant une jeune fille en costume grec antique.

Haut., 0^m35. — Larg., 0^m42.

33. — Femme drapée. Esquisse au crayon.

Haut., 0^m34. — Larg., 0^m44.

34. — Femme à cheval.

Haut., 0^m34. — Larg., 0^m42.

35. — Croquis représentant un homme renversé. Près

de lui, une femme à genoux ayant la main droite posée sur la poitrine de l'homme.

Haut., 0ᵐ 23. — Larg., 0ᵐ 17.

36. — Guerrier renversé sur son bouclier.

Haut., 0ᵐ 23. — Larg., 0ᵐ 17.

37. — Le Bois de la nymphe Égérie, près de Rome.

Haut., 0ᵐ 41. — Larg., 0ᵐ 49.

38. — Mine de plomb représentant un groupe de quatre personnages drapés.

MUSÉE D'ORLÉANS

39. — Nymphes et Satyres. Peinture.

Haut., 0ᵐ 33. — Larg., 0ᵐ 47.

40. — Martyres chrétiennes. Sanguine.

Haut., 0ᵐ 50. — Larg., 0ᵐ 30.

MUSÉE DE MONTAUBAN

41. — Étude de nègre.

Haut., 0ᵐ 72. — Larg., 0ᵐ 50.

Toile léguée au Musée par M. Ingres.

MUSÉE DE LA ROCHELLE

42. — Retour de l'Enfant prodigue (1836).

Haut., 1ᵐ 67. — Larg., 1ᵐ 28.

ÉGLISE DE SAINT-JEAN-D'ANGÉLY

43. — Le Christ au Jardin des Oliviers (1840).

Haut., 5 ᵐ. — Larg., 3 ᵐ 40.

Donné par l'État.

ÉGLISE DE SOUILLAC

(LOT)

44. — Sommeil des Apôtres. — Christ au Jardin des Olives (1844).

Haut., 5 ᵐ. — Larg., 3 ᵐ 40.

Donné par l'État.

ÉGLISE DE MARCOUSSIS

(CANTON DE LIMOURS, SEINE-ET-OISE)

45. — Jésus chez Marthe et Marie.

Haut., 5 ᵐ. — Larg., 3 ᵐ 40.

Donné par M. et Mᵐᵉ Ferd. Moreau-Nélaton.

MUSÉE DE LA VILLE DE PARIS

46. — Ensemble, dans la forme, de toute la décoration de l'hémicycle de l'église Saint-Philippe-du-Roule.

47. — Ensemble, dans la forme, de la décoration de la chapelle des fonts baptismaux à Saint-Roch.

48. — Copie des peintures de la chapelle de sainte Marie Égyptienne, à l'Église Saint-Merry.

MUSÉE DE VERSAILLES

49. — François VI, duc de la Rochefoucauld, 1680.
D'après un portrait de famille.

Haut., 1^m. — Larg., 0^m81.

Donné par l'État.

50. — Duvair-Guillaume, garde des sceaux, 1621.
D'après Porbus.

Haut., 1^m. — Larg., 0^m81.

SUJETS EXPOSÉS
AUX DIVERS SALONS

1836

51. — 336. Caïn maudit.

> *A M. Em. Arago.*

52. — 337. Retour de L'Enfant prodigue.

> Haut., 1^m 67. — Larg., 1^m 28.
>
> > *Musée de La Rochelle.*

53. — 338. Portrait d'Ernest Chassériau, frère de l'auteur.

> Haut., 1^m., — Larg., 0^m 81.
>
> > *A M. A. Chassériau.*

1837

54. — 520. Ruth et Booz.

1839

55. — 339. Suzanne au bain.

> Haut., 2^m 60. — Larg., 1^m 95.
>
> > *Musée du Louvre.*

56. — 340. Vénus marine.

> Haut., 0^m 65. — Larg., 0^m 53.
>
> > *A M. Marcotte de Quivières.*

1840

57. — 250. Jésus au Jardin des Oliviers.

Haut., 5 ᵐ. — Larg., 3 ᵐ 40.

Église de Saint-Jean-d'Angély.

1841

58. — 326. Andromède attachée au rocher par les Néréides.

Haut., 0 ᵐ 92. — Larg.. 0 ᵐ 72.

A M. A. Chassériau.

59. — 327. Portrait du R. P. Lacordaire.

Haut., 1 ᵐ 35. — Larg., 0 ᵐ 78.

Au comte de Vauvineux.

60. — 328. Portrait de la Comtesse de L. T. M.

A la famille.

1842

61. — 345. Descente de Croix.

62. — 346. Esther se parant pour être présentée au roi Assuérus.

Haut., 0 ᵐ 45. — Larg., 0 ᵐ 37.

A M. A. Chassériau.

63. — 347. Les Troyennes.

1843

64. — 217. Portrait de Mesdemoiselles C*** (sœurs du peintre).

Haut., 1 ᵐ 35. — Larg., 0 ᵐ 78.

Id.

1844

65. — 327. Sommeil des Apôtres. — Christ au Jardin des Olives.

Haut., 5ᵐ. — Larg., 3ᵐ50.

Église de Souillac (Lot).

1845

66. — 305. Ali-ben-Hamet, khalifat de Constantine, suivi de son escorte.

Haut., 5ᵐ. — Larg., 3ᵐ50.

1848

67. — 840. Le jour du Sabbat dans le quartier juif à Constantine.

Haut., 6ᵐ25. — Larg., 7ᵐ.

68. — 841. Portrait de Mademoiselle ***.

1850

69. — 533. Cavaliers arabes emportant leurs morts après une affaire contre les spahis.

Haut., 1ᵐ73. — Larg., 2ᵐ52.

A Mᵐᵉ Isaac Pereire.

70. — 534. Baigneuse endormie près d'une source.

Haut., 1ᵐ70. — Larg., 2ᵐ50.

Musée d'Avignon.

71. — 535. Sapho.

Haut., 0^m 26. — Larg., 0^m 20.

A Mme Gras.

72. — 536. Desdemona.

Haut., 0^m 65. — Larg., 0^m 45.

A M. A. Chassériau.

73. — 537. Femme de pêcheur de Mola di Gaëte, embrassant un enfant.

Haut., 0^m 20. — Larg., 0^m 15.

A Mme Gras.

74. — 538. Femme et petite fille mauresques de Constantine, jouant avec une gazelle.

75. — 539. Portrait de M. Alexis de Tocqueville.

Haut., 1^m 32. — Larg., 0^m 99.

A la baronne de Tocqueville.

76. — 540. Portrait de Mme de S***.

1852

77. — 232. Jésus chez Marthe et Marie.

Haut., 5^m. — Larg., 3^m 40.

*Donné par M. et Mme Ferd. Moreau-Nélaton
à l'église de Marcoussis (Seine-et-Oise).*

78. — 239. Chefs de tribus arabes se défiant en combat singulier sous les remparts d'une ville.

Haut., 0^m 90. — Larg., 1^m 16.

A Mme Gras.

1853

79. — 228. Tepidarium.

Haut., 1ᵐ70. — Larg., 2ᵐ50.

Musée du Louvre.

80. — 229. Une jeune fille cosaque trouve Mazeppa évanoui sur le cheval sauvage mort de fatigue (lord Byron, *Mazeppa*).

81. — 230. Hadji, étalon barbe de la province de Constantine.

1855

EXPOSITION UNIVERSELLE

82. — 2589. Tepidarium.

83. — 2690. La Défense des Gaules.

84. — 2691. Chefs arabes se défiant en combat singulier sous les remparts d'une ville.

85. — 2692. Cavaliers arabes emportant leurs morts après une affaire contre les spahis.

86. — 2693. Suzanne au bain.

TABLEAUX

87. — Femmes d'Arles.

    Haut., 0ᵐ 34. — Larg., 0ᵐ 25.

    Provient de la collection Isaac Pereire.

88. — Petra Camara. Bois (1852).

    Haut., 0ᵐ 32. — Larg., 0ᵐ 24.

    Vente Théophile Gautier.

89. — Danaé. Bois parqueté.

    Haut., 0ᵐ 26. — Larg., 0ᵐ 46.

    Id.

90. — Diane et Actéon (1840).

    Haut., 0ᵐ 15. — Larg., 0ᵐ 21.

    Id.

91. — Diane au bain entourée de ses nymphes.

    A M. et à Mᵐᵉ A. Aubry-Vitet.

92. — Juives de Constantine à un balcon. Bois.

    Haut., 0ᵐ 35. — Larg., 0ᵐ 24.

    A. M. Donatis.

93. — Le spectre de Banco. Bois parqueté.

    Haut., 0ᵐ 98. — Larg., 0ᵐ 73.

    A M. Paul Jamot.

94. — Tête de juive de Constantine (1856).

Haut., 0ᵐ 52. — Larg., 0ᵐ 40.

A Mᵐᵉ de Saint-Martin Valogne.

95. — Tête de femme maure d'Alger (1856).

Haut., 0ᵐ 52. — Larg., 0ᵐ 40.

Id.

96. — Tepidarium (réduction).

Haut., 0ᵐ 86. — Larg., 1ᵐ 33.

A M. Tissier.

97. — Ariane abandonnée. Esquisse.

A M. Chincholle.

98. — Les jeunes Troyennes (réduction).

A la baronne Guhenerau.

99. — Tête de femme.

A M. Pasini.

100. — Étude de femme pour le Palais d'Orsay.

A M. Carré-Soubiran.

101. — Marché de chevaux arabes.

102. — Bataille.

103. — Retour des blessés.

104. — Femme mauresque assise.

105. — Un enfant arabe faisant baigner des chevaux.

106. — Harem.

A Mme Galoppe.

107. — Baptême de l'eunuque de la reine d'Éthiopie.

Haut., 0^m 70. — Larg., 0^m 32.

A l'amiral baron Victor Duperré.

108. — Répétition du même.

Haut., 0^m 70. — Larg., 0^m 32.

A M. de Montigny.

109. — Jeune fille pleurant auprès d'un mausolée dans un bois d'oliviers.

Haut., 0^m 50. — Larg., 0^m 75.

A M. Alphonse Dumas.

110. — Deux Arabes à cheval arrêtés à une fontaine de construction romaine.

Haut., 0^m 78. — Larg., 0^m 62.

A M. Damblat.

111. — Jeune poète arabe, vu de profil. Bois.

Haut., 0^m 13. — Larg., 0^m 13.

Id.

112. — Tête de jeune homme. Étude pour l'église Saint-Roch.

Haut., 0^m 40. — Larg., 0^m 25.

A la princesse M. Cantacuzène.

113. — Tête de jeune homme. Profil grandeur nature.

Haut., 0^m 40. — Larg., 0^m 25.

A la princesse M. Cantacuzène.

114. — Tête d'ange. Étude pour l'église Saint-Merry.

Haut., 0^m 15. — Larg., 0^m 15.

Id.

115. — Esquisse pour l'esclave du Tepidarium (négresse).

Id.

116. — Nativité. Adoration des Mages. Bois (1856).

Haut., 0^m 75. — Larg., 0^m 50.

Id.

117. — Esquisse de la Suzanne et les Vieillards.

A M. Mottez.

118. — Deux femmes juives de Constantine berçant un enfant.

Haut., 0^m 56. — Larg., 0^m 46.

A M. P. Christofle.

119. — Deux têtes de femmes.

Au comte Henri Delaborde.

120. — Danseuses espagnoles.

A la comtesse Thibaut de Chasteignier.

121. — Odalisque. Panneau bois.

Haut., 0^m 21. — Larg., 0^m 34.

A Mme Gras.

122. — Femme en blanc.

Haut., 0^m 34. — Larg., 0^m 26.

Id.

123. — Adoration des Bergers.

Haut., 0^m 63. — Larg., 0^m 525.

Id.

124. — Cavalier faisant boire son cheval. Panneau.

Haut., 0^m 29. — Larg., 0^m 39.

Id.

125. — Sapho assise sur un rocher. Panneau.

Haut., 0^m 26. — Larg., 0^m 20.

Id.

126. — Sapho se précipite dans la mer.

Provient de la collection du docteur Tardieu.

127. — Sapho roulée sur la grève (1849).

Haut., 0^m 42. — Larg., 0^m 31.

Au comte de Tocqueville.

128. — Jésus au Jardin des Oliviers. Esquisse.

Au prince Cantacuzène.

129. — Femme de pêcheur de Gaëte.

Haut., 0ᵐ 20. — Larg., 0ᵐ 10.

A Mᵐᵉ Astoin.

130. — Cléopâtre mourante.

Haut., 1ᵐ 70. — Larg., 2ᵐ 52.

131. — Femme couchée.

Haut., 0ᵐ 15. — Larg., 0ᵐ 25.

A Mᵐᵉ Pylon.

132. — Marchands de chevaux. — Scène arabe.

Vente Théodore Chassériau.

133. — Chevaux à un abreuvoir.

Id.

134. — Cavaliers faisant boire leurs chevaux.

Id.

135. — Arabes faisant baigner leurs chevaux dans le Rummel.

Id.

136. — Talebs discutant entre eux.

Id.

137. — Tentation de saint Antoine. Grande esquisse.

Id.

138. — Marie Stuart jurant la vengeance.

Id.

139. — Marie Stuart protégeant David Riccio.

Vente Théodore Chassériau.

140. — Une vierge.

Id.

141. — Élisée et la Vierge.

Id.

142. — Élisée ressuscite un enfant.

Id.

143. — Almée.

Id.

144. — Naufragés.

Id.

145. — Prisonniers.

Id.

146. — Noyés.

Id.

147. — Jeunes filles romaines.

Id.

148. — Études de femmes pour le Tepidarium.

Id.

149. — Femmes de Constantine.

Id.

150. — Marchande arabe.

Vente Théodore Chassériau.

151. — Les fiancés.

Id.

152. — Une charité.

Id.

153. — Arabe seul avec son cheval.

Id.

154. — Famille de juifs de Constantine.

Id.

155. — Mendiants arabes.

Id.

156. — Cheval égyptien.

Id.

157. — Mauresque sortant du bain.

Id.

158. — Bacchante avec un faune.

Id.

159. — Le roi Lear poursuivi par des soldats.

Id.

160. — Le roi Lear se jetant sur le corps de sa fille.

Id.

161. — Combat de spahis et de Kabyles.

Vente Théodore Chassériau.

162. — Spahis surpris par des Arabes.

Id.

163. — Le chef maure au retour de la guerre.

Id.

164. — Femmes juives causant à un balcon d'Alger.

Id.

165. — Danseuses arabes.

Id.

166. — Femme maure tenant un tambour de basque.

Id.

167. — Une femme et une petite fille de Constantine.

Id.

———

168. — Fleurs. — Trumeaux au château de Paray.

A M. de Tracy.

169. — Macbeth rencontrant les sorcières sur la bruyère.

Haut., 0^{m}70. — Larg., 0^{m}90.

170. — Intérieur oriental.

Haut., 0^m 46. — Larg., 0^m 37.

171. — Desdemone venant de chanter la Romance du Saule. Bois.

Haut., 0^m 32. — Larg., 0^m 25.

A M. Mareilhac.

172. — Othello. *Avez-vous fait votre prière ce soir, Desde-mone ?*

173. — Desdemone se couchant.

Haut., 0^m 40. — Larg., 0^m 32.

A M. A. Chassériau.

174. — Desdemone écoutant chanter.

175. — Othello et Desdemone (scène du balcon). Bois.

Haut., 0^m 22. — Larg., 0^m 18.

Id.

176. — Othello étouffe Desdemone. Bois.

Haut., 0^m 22. — Larg., 0^m 20.

Id.

177. — Desdemone assise. Grisaille.

Haut., 0^m 30. — Larg., 0^m 20.

Id.

178. — Toilette de Desdemone. Grisaille.

Haut., 0^m 65. — Larg., 0^m 45.

Id.

179. — Femme maure allaitant un enfant.

Haut., 0ᵐ 20. — Larg., 0ᵐ 15.

A M. A. Chassériau.

180. — Le rêve.

Haut., 0ᵐ 65. — Larg., 0ᵐ 75.

Id.

181. — Jésus guérit les paralytiques.

Haut., 0ᵐ 63. — Larg., 0ᵐ 54.

Id.

182. — La Pêche miraculeuse.

Haut., 0ᵐ 42. — Larg., 0ᵐ 21.

Id.

183. — Étude de plantes.

Haut., 0ᵐ 55. — Larg., 0ᵐ 45.

Id.

184. — Étude du chef gaulois pour le Vercingétorix.

Haut., 0ᵐ 34. — Larg., 0ᵐ 27.

Id.

185. — Étude d'homme pour le Vercingétorix.

Haut., 0ᵐ 34. — Larg., 0ᵐ 27.

Id.

186. — La Fuite en Égypte.

Haut., 0ᵐ 45. — Larg., 0ᵐ 35.

Id.

187. — Joseph vendu par ses frères.

Haut., 0m 78. — Larg., 0m 65.

A M. A. Chassériau.

188. — Christ.

Haut., 0m 40. — Larg., 0m 35.

Id.

189. — Tête de Christ.

Haut., 0m 34. — Larg., 0m 18.

Id.

190. — Tête d'ange.

Haut., 0m 42. — Larg., 0m 35.

Id.

191. — Esquisse de la coupole de Saint-Philippe-du-Roule.

Haut., 0m 18. — Larg., 0m 66.

Id.

192. — Esquisse de l'eunuque de la reine d'Éthiopie.

Haut., 0m 39. — Larg., 0m 20.

Id.

193. — Esquisse de la chapelle des fonts baptismaux à Saint-Roch.

Haut., 0m 70. — Larg., 0m 26.

Id.

194. — Esquisse de saint François-Xavier.

Haut., 0ᵐ 70. — Larg., 0ᵐ 32.

A M. A. Chassériau.

195. — Anges tenant la Croix. — Étude pour le Christ au Mont des Olives.

Haut., 0ᵐ 50. — Larg., 0ᵐ 32.

Id.

196. — Grande esquisse du Christ au Jardin des Oliviers.

Haut., 1ᵐ 75. — Larg., 0ᵐ 81.

Id.

197. — Halte de spahis auprès d'une source.

Haut., 0ᵐ 90. — Larg., 0ᵐ 75.

Id.

198. — Esquisse de la Défense des Gaules par Vercingétorix.

Haut., 0ᵐ 70. — Larg., 0ᵐ 60.

Id.

199. — Jeune cavalier causant avec deux femmes à une croisée.

Haut., 0ᵐ 60. — Larg., 0ᵐ 47.

Id.

200. — Mariage juif à Constantine.

Haut., 1ᵐ 35. — Larg., 0ᵐ 97.

Id.

201. — Cheval bai.

Haut., 0^m 65. — Larg., 0^m 81.

A M. A. Chassériau.

202. — Femme couchée.

Haut., 0^m 65. — Larg., 0^m 45.

Id.

203. — Roméo et Juliette.

Haut., 0^m 50. — Larg. 0^m 70.

Id.

204. — Femme arabe tenant un enfant.

Haut., 0^m 65. — Larg., 0^m 55.

Id.

205. — Femme nue. — Étude pour le Tepidarium.

Haut., 0^m 81. — Larg., 0^m 38.

Id.

206. — Cavalier arabe devant la boutique d'un maré-
chal-ferrant.

Haut., 0^m 88. — Larg., 0^m 73.

Id.

207. — Cheval blanc.

Haut., 0^m 60. — Larg., 0^m 72.

Id.

208. — Esquisse d'un jeune homme qui porte la Croix pour la chapelle de Saint-Roch.

Haut., 0m 78. — Larg., 0m 63.

A M. A. Chassériau.

209. — Marché arabe de Constantine.

Haut., 0m 90 — Larg., 0m 75.

Id.

210. — Femme drapée avec un enfant. Grisaille.

Haut., 0m 54. — Larg., 0m 45.

Id.

211. — Empereur romain à cheval.

Haut., 2m 50. — Larg., 1m 30.

Id.

212. — Femme de Constantine sortant du bain.

Haut., 0m 65. — Larg., 0m 53.

Id.

213. — Scène de Macbeth. — Apparition des sept rois.

Haut., 0m 65. — Larg., 0m 45.

Id.

214. — Étude d'un guerrier pour le Conseil d'Etat.

Haut., 0m 35. — Larg., 0m 32.

Id.

215. — Pâtre romain.

Haut., 0^m 50. — Larg., 0^m 45.

A M. A. Chassériau.

216. — Caïd visitant un douar.

Haut., 1^m 38. — Larg., 1^m 93.

Id.

217. — Jeune fille assise dans un bois. Bois.

Haut., 0^m 32. — Larg., 0^m 24.

Id.

218. — Cheval arabe.

Haut., 0^m 42. — Larg., 0^m 50.

Id.

219. — Apollon et Daphné (1846).

Haut., 0^m 53. — Larg., 0^m 36.

Id.

220. — Le bain. — Intérieur de sérail (1849).

Haut., 0^m 50. — Larg., 0^m 32.

Id.

221. — Combat d'Arabes. — Provient de la collection du prince de Wagram.

Haut., 0^m 63. — Larg., 0^m 52.

Id.

222. — Suzanne au bain. Bois (1856).

Haut., 0ᵐ 40. — Larg., 0ᵐ 31.

A M. A. Chassériau.

223. — Danseuses marocaines. Bois.

Haut., 0ᵐ 30. — Larg., 0ᵐ 37.

Id.

224. — Tête de femme italienne.

Haut., 0ᵐ 27. — Larg., 0ᵐ 24.

Id.

225. — Tête de vieillard italien.

Haut., 0ᵐ 30. — Larg. 0ᵐ 27.

Id.

226. — Tête de jeune homme.

Haut., 0ᵐ 35. — Larg., 0ᵐ 32.

Id.

227. — Intérieur de harem. — Dernier tableau du peintre.

Haut., 0ᵐ 52. — Larg., 0ᵐ 65.

Id.

———

PORTRAITS-PEINTURE

228. — Portrait de Prosper Marilhat.

Haut., 1ᵐ 35. — Larg., 0ᵐ 78.

A Mᵐᵉ Cathrein.

229. — Portrait du comte Desage.

Haut., 1 ᵐ. — Larg., 0ᵐ 80.

A la comtesse Desage.

230. — Portrait de la comtesse Destutt de Tracy (toile ovale, 1852).

Haut., 0ᵐ 76. — Larg., 0ᵐ 65.

A Mᵐᵉ de Bray, née de Tracy.

231. — Portrait de Mˡˡᵉ Harriette Cooper.

A lady Spencer Cooper.

232. — Portrait d'enfant.

Haut , 0ᵐ 55. — Larg., 0ᵐ 44.

A M. Marcotte de Quivières.

233. — Portrait de M. Juan d'Albukerque de Silveira (grandeur nature).

234. — Portrait de M. Fernand de Besplas.

A la famille de Besplas.

235. — Portrait de M. d'Oxholm.

A la famille d'Oxholm.

236. — Portrait de M. de Jeamont.

237. — Portrait du général Nacquard.

238. — Portrait du général baron de Méneval.

Au baron de Méneval.

239. — Portrait de Mme G***.

240. — Portrait de M. D. P***.

241. — Portrait de Mme D. L***.

242. — Portrait de la marquise de Bedmar.

243. — Portrait de la princesse de Wytgenstein.

244. — Portrait de M. Alfred de Meynard (grandeur nature).

A M. René de Meynard.

245. — Portrait de Mlle Tallien-Cabarrus.

Haut., 1^m 35. — Larg., 0^m 78.

A Mme Saint-Amand Martignon, née de Cabarrus.

246. — Portrait de M. Em. Arago.

A M. Em. Arago.

247. — Portrait de M. Leleux.

248. — Portrait de Clotilde de Buns d'Hollebèke, comtesse de Ranchicourt.

Haut., 0^m 74. — Larg., 0^m 57.

A la comtesse de Ranchicourt.

249. — Portrait du comte de Ranchicourt et de sa femme, Clotilde de Buns d'Hollebèke, partant pour la chasse à courre. Groupes de piqueurs, chevaux et chiens.

Haut., 1^m 15. — Larg., 1^m 05.

Id.

250. — Portrait du peintre Théodore Chassériau.

Haut., 1ᵐ. — Larg., 0ᵐ81.

A M. A. Chassériau.

251. — Réduction du même.

Haut., 0ᵐ25. — Larg., 0ᵐ15.

A Mᵐᵉ Pylon.

252. — Portrait d'Ernest Chassériau enfant.

Haut., 0ᵐ65. — Larg., 0ᵐ50.

A M. A. Chassériau.

253. — Tableau représentant la mère, les deux sœurs et un des frères de l'artiste.

254. — Portrait de Théodore Chassériau en costume d'atelier.

Haut., 0ᵐ72. — Larg., 0ᵐ69.

A M. A. Chassériau.

255. — Portrait des sœurs du peintre (réduction).

Haut., 0ᵐ27. — Larg., 0ᵐ30.

Id.

256. — Portrait d'Adèle Chassériau.

Haut., 0ᵐ95. — Larg., 0ᵐ72.

Id.

257. — Portrait de la mère de l'artiste.

Haut., 1ᵐ. — Larg. 0ᵐ80.

Id.

258. — Portrait de son père.

> Haut., 0^m 65. — Larg., 0^m 45.
>
> *A M. A. Chassériau.*

259. — Portrait de M. de C***.

260. — Portrait de M. de Villiers.

> *A M. de Villiers.*

261. — Portrait de M. de Vialis.

> *A M. de Vialis.*

PORTRAITS-DESSINS

262. — Portrait de M. de Lamartine.

> Haut., 0^m 33. — Larg., 0^m 22.
>
> *A M. A. Chassériau.*

263. — Portrait de B. Chassériau, père de l'auteur.

> Haut., 0^m 25. — Larg., 0^m 20.
>
> *Id.*

264. — Portrait de la mère de l'auteur.

> Haut., 0^m 25. — Larg., 0^m 20.
>
> *Id.*

265. — Portrait des sœurs de l'auteur.

> Haut., 0^m 20. — Larg., 0^m 48.
>
> *Id.*

266. — Portrait d'Ernest Chassériau.

Haut., 0^m 25. — Larg., 0^m 20.

A M. A. Chassériau.

267. — Portrait d'Ernest Chassériau en officier d'infanterie de marine.

Haut., 0^m 32. — Larg., 0^m 23.

Id.

268. — Portrait de Frédéric Chassériau, conseiller d'État.

Haut., 0^m 33. — Larg., 0^m 27.

Id.

269. — Portrait de la baronne Chassériau.

Haut., 0^m 32. — Larg., 0^m 25.

Au baron F. Chassériau.

270. — Portrait de la princesse M. Cantacuzène (1855).

Haut., 0^m 35. — Larg., 0^m 27.

A la princesse M. Cantacuzène.

271. — Portrait d'enfant, neveu de la princesse Cantacuzène (1855).

Haut., 0^m 32. — Larg., 0^m 25.

Id.

272. — Portrait de M. Paul Chevandier de Valdrôme.

A Mme P. Chevandier de Valdrôme.

273. — Portrait de M. Louis Cabat et de M. Paul Chevandier de Valdrôme.

A Mme P. Chevandier de Valdrôme.

274. — Portrait du comte Alexis de Tocqueville.

Haut., 0^m 30. — Larg., 0^m 24.

A M. A. Chassériau.

275. — Portrait du comte Henri Delaborde, membre
de l'Institut.

Au comte H. Delaborde.

276. — Portrait du comte Destutt de Tracy.

Haut., 0^m 35. — Larg., 0^m 27.

A Mme de Bray, née de Tracy.

277. — Portrait de Mme de Bray, née de Tracy.

Haut., 0^m 35. — Larg., 0^m 27.

Id.

278. — Portrait de Théophile Gautier.

A Mme Carlotta Grisi.

279. — Portrait de Mme Émile de Girardin (Delphine
Gay).

280. — Portrait de M. Émile de Girardin.

A M. A. Chassériau.

281. — Portrait de la comtesse de Stakelberg.

Haut., 0^m 35. — Larg., 0^m 27.

A la baronne Decazes Stakelberg.

282. — Portrait de Mme Borg de Balzan.

Haut., 0^m 35. — Larg., 0^m 27.

A Mme Borg de Balzan.

283. — Portrait de la princesse de Belgiojoso.

Haut., 0^m 30. — Larg., 0^m 23.

A M. A. Chassériau.

284. — Portrait de la comtesse d'Agoult (Daniel Stern).

Succession de M. de Ronchaud.

285. — Portrait de Mme Mottez.

A M. Mottez.

286. — Portrait de Mme Eugène Piot.

Haut., 0^m 32. — Larg., 0^m 24.

A M. A. Chassériau.

287. — Portrait de Victor Hugo.

288. — Portrait de M. Arthur de Lucy.

Haut., 0^m 35. — Larg., 0^m 27.

A Mme de Lucy.

289. — Portrait de M. de Vialis.

Haut., 0^m 15. — Larg., 0^m 10.

A M. A. Chassériau.

290. — Portrait d'Alexandre Dumas père.

A M. Ridel.

291. — Portrait de M. Ravaisson, membre de l'Institut.

A M. Ravaisson.

292. — Portrait de M. de Sampayo, en costume espagnol du temps de Philippe IV.

A M. de Sampayo.

293. — Portrait de M. de Sampayo en lieutenant du 6e Hussards.

Id.

294. — Portrait du peintre Yongking.

295. — Portrait du peintre Ducasse.

A la famille Ducasse.

296. — Portrait du général baron de Marbot.

Haut., 0m 25. — Larg., 0m 20.

A M. A. Chassériau.

297. — Portrait du général baron de Méneval.

Haut., 0m 35. — Larg., 0m 30.

Au baron de Méneval.

298. — Portrait d'un commandant d'état-major sous Louis-Philippe.

Haut., 0m 25. — Larg., 0m 20.

A M. A. Chassériau.

299. — Portrait de Raymond-Philibert O. de Ranchicourt (1839).

Haut., 0m 34. — Larg., 0m 27.

A la comtesse de Ranchicourt.

20

300. — Portrait de Mlle Lydie de Buns d'Hollebèke.

Haut., 0^m^ 24. — Larg., 0^m^ 18.

A la comtesse de Ranchicourt.

301. — Portrait de Mme Simon Gras.

Haut., 0^m^ 27. — Larg., 0^m^ 20.

A Mme Gras.

302. — Portrait de M. Jean-Simon Gras.

Haut., 0^m^ 27. — Larg., 0^m^ 20.

Id.

303. — Portrait de M. Jean-Marc Gras.

Haut., 0^m^ 27. — Larg., 0^m^ 20.

Id.

304. — Portrait de Mme Van B***.

Haut., 0^m^ 27. — Larg., 0^m^ 20.

305. — Portrait du baron Juan de Silveira.

Haut., 0^m^ 24. — Larg., 0^m^ 18.

A M. A. Chassériau.

306. — Portrait de M. de Mareilhac.

Haut., 0^m^ 80. — Larg., 0^m^ 22.

A M. de Mareilhac.

307. — Portrait de Mme Marcotte de Quivières.

A M. Marcotte de Quivières.

308. — Portrait de M. Marcotte de Quivières.

A M. Marcotte de Quivières.

309. — Portrait de Mme Malibran.

Haut., 0^m 22. — Larg., 0^m 18.

A M. A. Chassériau.

310. — Portrait d'un jeune homme.

Haut., 0^m 30. — Larg., 0^m 25.

Id.

311. — Portrait de Mme Alice Ozy.

Haut., 0^m 31. — Larg., 0^m 24.

Id.

312. — Portrait d'une dame tenant un coffret, avec dé-
dicace à Théophile Gautier.

Haut., 0^m 32. — Larg., 0^m 24.

Id.

313. — Portrait de Mlle Sontag.

314. — Portrait d'Aïcha-ben-Gerbas.

Fait à Constantine, 1847.

315. — Portrait d'Ali-ben-Hamet, khalifat de Constantine.

Id.

316. — Portrait de Bou-Maza.

DESSINS ET AQUARELLES

317. — La Paix. Composition pour le palais de la Cour des Comptes.

> Haut., 0^m 45. — Larg.. 0^m 63.

> *A M. A. Chassériau.*

318. — La Guerre. Première pensée pour le palais de la Cour des Comptes.

> Haut., 0^m 45. — Larg., 0^m 63.

> *Id.*

319. — Femme endormie.

> Haut., 0^m 23. — Larg., 0^m 13.

> *A la comtesse de Ranchicourt.*

320. — Campement d'Arabes.

> Haut., 0^m 23. — Larg., 0^m 13.

> *Id.*

321. — Débarquement de marchands de Tyr.

> Haut., 0^m 40. — Larg., 0^m 23.

> *Id.*

322. — Une femme martyre suspendue par les poignets.

> Haut., 0^m 40. — Larg., 0^m 23.

> *Id.*

323. — Une femme et deux enfants égarés dans une forêt. Effet de neige.

Haut., 0ᵐ 40. — Larg., 0ᵐ 23.

A la comtesse de Ranchicourt.

324. — Jeune mère berçant un enfant.

Haut., 0ᵐ 29. — Larg., 0ᵐ 22.

Id.

325. — Tête de femme, grandeur nature.

A M. de Cormenin.

326. — Vierge tenant l'enfant Jésus dans ses bras (1844).

A Mᵐᵉ de Bœsplug.

327. — Scène d'Othello.

A M. Pasini.

328. — Arabe à cheval.

A la baronne Decazes Stakelberg.

329. — Poète arabe. Encre de Chine et gouache.

Haut., 0ᵐ 18. — Larg., 0ᵐ 145.

A M. Gaston Joliet.

330. — Diane et Actéon (1840).

Haut., 0ᵐ 15. — Larg , 0ᵐ 21.

Vente Théophile Gautier.

331. — Tête de jeune berger.

Au comte Henri Delaborde.

332. — Moine de Capri.

Au comte Henri Delaborde.

333. — Deux profils de femmes italiennes.

Id.

334. — Étude pour Othello.

Id.

335. — La Communion.

A Mme de Bassoncourt.

336. — Barque sur une rivière.

Haut., 0^m 11. — Larg., 0^m 25.

A M. Pierre Marcotte de Quivières.

337. — Femme.

Haut., 0^m 24. — Larg., 0^m 16.

Id.

338. — Tête d'Arabe.

Haut., 0^m 12. — Larg., 0^m 10.

Id.

339. — Jeune homme des Marais Pontins.

Haut., 0^m 10. — Larg., 0^m 08.

Id.

340. — Quatre personnages.

Haut., 0^m 19. — Larg., 0^m 16.

Id.

341. — Tête d'homme. Dessin à la plume.

Haut., 0ᵐ 24. — Larg., 0ᵐ 18.

A M. Pierre Marcotte de Quivières.

342. — La Rose d'Angleterre.

343. — Femme couchée.

A M. Gérôme.

344. — Guerrier arabe à cheval.

A M. Aglaus Bouvenne.

345. — Tête de cheval arabe.

Id.

346. — Projet pour le tombeau de Napoléon Iᵉʳ. Sanguine.

347. — Tepidarium. Aquarelle.

348. — Tarentèle. Sépia.

A l'amiral baron Victor Duperré.

349. — Série de douze dessins à la plume, qui ornent un livre de prières fait pour Mᵐᵉ Clotilde de Buns d'Hollebèke.

350. — La Prière. Jeune fille et vieillard prosternés.

A la comtesse de Ranchicourt.

351. — L'Offrande. Lévite élevant un calice, entouré d'un groupe d'enfants.

Id.

352. — Sainte Clotilde, la main sur l'épée de France avec l'inscription : *Tolbiac*.

A la comtesse de Ranchicourt.

353. — Sainte Thérèse.

Id.

354. — Saint Pierre.

Id.

355. — Sainte Amélie.

Id.

356. — Sainte Cécile.

Id.

357. — Sainte Madeleine dans le désert.

Id.

358. — Saint Jérôme.

Id.

359. — L'Ange, les ailes éployées, les bras croisés sur sa poitrine.

Id.

360. — La Sainte Vierge en extase.

Id.

361. — Jésus-Christ montrant les Tables de la Loi.

Id.

362. — Descente de Croix. Dessin rehaussé de gouache.

Haut., 0^m 12. — Larg., 0^m 44.

A Mme Gras.

363. — Tête de femme, de profil.

Haut., 0^m 255. — Larg., 0^m 185.

A M. Georges Vicaire.

364. — Tête de femme, de face.

Haut., 0^m 255. — Larg., 0^m 185.

Id.

365. — Tête de nègre.

A M. Léo Villenave.

366. — Suzanne.

Vente Théodore Chassériau.

367. — Femmes troyennes.

Id.

368. — Ariane abandonnée.

Id.

369. — Baigneuse.

Id.

370. — Chevaux.

Id.

371. — La Sortie du Bain.

Id.

372. — Scène arabe.

Id.

373. — Divers types d'Arabes d'après nature.

Vente Théodore Chassériau.

374. — Cavaliers arabes emportant leurs morts après une affaire contre les spahis.

Id.

375. — Adoration des Mages.

Id.

376. — Joseph vendu par ses frères.

Id.

377. — Sainte Félicité et sainte Perpétue.

Id.

378. — La Naissance.

Id.

379. — La Confession.

Id.

380. — Le Mariage.

Id.

381. — La Mort.

Id.

382. — La Messe.

Id.

383. — L'Été.

Id.

384. — A Minuit.

Vente Théodore Chassériau.

385. — La Fuite en Égypte.

Id.

386. — La Pêche miraculeuse.

Id.

387. — Femmes d'Olivano.

Id.

388. — Moïse abandonné au Nil.

Id.

389. — Moïse sauvé des eaux.

Id.

390. — Études pour la chapelle des fonts à l'église Saint-Roch.

Id.

391. — Sainte Marie l'Égyptienne (église Saint-Merry).

Id.

392. — Hémicycle de Saint-Philippe-du-Roule.

Id.

393. — Études pour cet hémicycle.

Id.

394. — Dessins de la décoration de l'escalier de la Cour des Comptes.

Id.

395. — Études diverses de cette même décoration.

Vente Théodore Chassériau.

396. — Othello. Études et projets.

397. — Diverses études pour le Triomphe des Gaulois.

Id.

398. — Histoire de sainte Marie Égyptienne. Aquarelle.

Haut., 0^m 50. — Larg., 0^m 30.

A M. A. Chassériau.

399. — Madeleine. Aquarelle.

Id.

400. — Négresse de Constantine. Aquarelle.

Haut., 0^m 30. — Larg., 0^m 25.

Id.

401. — Négresse d'Alger. Aquarelle.

Haut., 0^m 30. — Larg., 0^m 25.

Id.

402. — Mauresques d'Alger. Aquarelle.

Id.

403. — Rachel dans ses différents costumes de Judith (de Mme de Girardin). Aquarelle.

Haut., 0^m 31. — Larg., 0^m 48.

Id.

404. — Femme italienne. Aquarelle.

> Haut., 0ᵐ 35. — Larg., 0ᵐ 25.

> *A M. A. Chassériau.*

405. — Cavalier arabe partant pour la fantasia. Aquarelle.

> Haut., 0ᵐ45. — Larg., 0ᵐ 55.

> *Id.*

406. — Villa d'Este. Tivoli (1841). Papier bleu rehaussé
de blanc.

> Haut., 0ᵐ 42. — Larg., 0ᵐ 29.

> *Id.*

407. — Études de bœufs. Aquarelle.

> Haut., 0ᵐ 37. — Larg., 0ᵐ 27.

> *Id.*

408. — Etudes de vaches. Aquarelle.

> Haut., 0ᵐ 37. — Larg., 0ᵐ 27.

> *Id.*

409. — Tête de pêcheur de Salerne.

> Haut., 0ᵐ 25. — Larg., 0ᵐ 20.

> *Id.*

410. — Arabes assis sur une natte.

> Haut., 0ᵐ 25. — Larg., 0ᵐ 18.

> *Id.*

411. — Femmes jouant avec un enfant. Dessin à la plume.

Haut., 0^m 25. — Larg., 0^m 18.

A M. A. Chassériau.

412. — Tête de jeune homme. Dessin à la plume.

Haut., 0^m 20. — Larg., 0^m 15.

Id.

413. — Études de rochers au bord de la mer. Aquarelle.

Haut., 0^m 12. — Larg., 0^m 33.

Id.

414. — Toilette de Desdemone. Dessin et gouache.

Haut., 0^m 22. — Larg., 0^m 18.

Id.

415. — Deux Arabes assis. Sépia.

Haut., 0^m 30. — Larg., 0^m 27.

Id.

416. — Groupe d'Arabes. Sépia.

Haut., 0^m 35. — Larg., 0^m 27.

Id.

417. — Mort de sainte Monique, mère de saint Augustin.

Id.

418. — Sainte Philomène. Sépia.

Haut., 0ᵐ 65. — Larg., 0ᵐ 92.

A M. A. Chassériau.

419. — Répétition.

Haut., 0ᵐ 65. — Larg., 0ᵐ 92.

Id.

420. — Deux mille neuf cent vingt-huit dessins et aquarelles de compositions diverses pour ses tableaux, représentant des études de femmes, d'hommes, de paysages,
de chevaux, faites d'après nature en Italie, en Algérie et
en France.

Collection de M. A. Chassériau.

VITRAUX

421. — Homère et Virgile.

*A l'hôtel de M. de C***.*

422. — Raphaël et Michel-Ange.

Id.

423. — Restauration de vitraux.

A l'église de Montmorency.

EAUX-FORTES ORIGINALES

424. — 1º. Reine de France caressant son lévrier. Essai d'eau-forte.

425. — 2º. Une naïade. Vernis-mou. Essai très rare, peut-être unique.

426. — 3º. Mort de Cléopâtre. Eau-forte. Il n'a été tiré que trois ou quatre epreuves de cette planche. Théophile Gautier en possédait une épreuve.

427. — 4º. Sapho. Eau-forte.

Cabinet de l'Amateur, 1844.

428. — 5º. Suzanne au bain. Vernis-mou. Première pensée du tableau exposé en 1839.

429. — 6º. Othello. — Iago. *Éveillez-vous : holà; Brabantio! des voleurs! des voleurs!* (1844.)

430. — 7º. Othello. *Elle me remercie et me dit que si j'avais un ami qui l'aimait, je n'avais qu'à lui apprendre à raconter mon histoire et que cela la pénétrerait d'amour pour lui.*

431. — 8º. Othello. *Elle m'aima pour les dangers que j'avais courus; je l'aimai parce qu'elle en avait pitié, voilà toute la magie dont j'ai usé.*

432. — 9°. Othello. *Honnête Iago, il faut que je te laisse ma Desdemone ; donne-lui, je te prie, ta femme pour compagne.*

433. — 10°. Othello. *O ma belle guerrière ! —* Desdemone. *Mon cher Othello !*

434. — 11°. Desdemone. *Reprenez donc votre gaieté, Cassio, car votre fidèle défenseur mourra plutôt que d'abandonner votre cause.*

435. — 12°. Othello. *Arrière !*

436. — 13°. Desdemone. *Si je meurs avant toi, ensevelis-moi, je t'en prie, dans un de ces draps.*

437. — 14° La Romance du Saule.

438. — 15°. Rodrigue. *Vilain, tu meurs ! —* Cassio. *Ce coup en effet m'eût été fatal, si mon armure n'était meilleure que tu ne crois. Je veux éprouver la tienne.*

439. — 16°. Othello. *Pourtant il faut qu'elle meure.*

440. — 17°. Othello. *Avez-vous fait votre prière ce soir, Desdemone ?*

441. — 18°. Othello étouffe Desdemone.

442. — 19°. Emilia. *Oui, renverse-toi sur ce lit et rugis de désespoir, car tu as tué la plus douce, la plus innocente femme qui ait jamais levé les yeux au ciel.*

443. — 20°. Ludovico. *Oh ! chien spartiate, plus terrible que l'angoisse, la faim et l'océan, contemple le tragique fardeau dont ce lit est chargé : voilà ton ouvrage !*

444. — 21°. Eau-forte devant servir de frontispice à l'ouvrage d'Othello.

445. — 22°. Arabe montant en selle. Vernis-mou.

L'Artiste, 1849.

446. — 23°. Femmes mauresques de Constantine. Vernis-mou.

L'Artiste, 1851.

447. — 24°. La Mère et l'Enfant. Vernis-mou.

L'Artiste.

———

LITHOGRAPHIES ORIGINALES

448. — 25°. Vénus Anadyomène.

Souvenirs d'Artistes, n° 369. Reproduction de son tableau.

449. — 26°. Apollon et Daphné.

L'Artiste, 1844. Réimprimé dans la Gazette des Beaux-Arts, 1886.

450. — 27°. Othello. — La Trahison de Yago. Essai. Épreuve rarissime, peut-être unique.

———

COPIES D'APRÈS LES MAITRES

451. — Nombreuses copies d'après Géricault, Van Dyck, el Greco, Porbus, Parmesan, Tintoret, Rubens, André del Sarte, Raphaël, Michel-Ange, etc., etc.

Achevé d'imprimer

le vingt-neuf juin mil huit cent quatre-vingt-treize

PAR

ALPHONSE LEMERRE

25, RUE DES GRANDS-AUGUSTINS, 25

A PARIS

3. — 1974.

PEINTURES DÉCORATIVES DE THÉODORE CHASSÉRIAU

ESCALIER DE LA COUR DES COMPTES

Lithographié par .... d'après ....